FAO中文出版计划项目丛书

中华人民共和国内陆渔业概况与加强内陆渔业统计资料收集与分析能力建设

联合国粮食及农业组织　编著

蒋书伦　凡迎春　匡　箴　等　译

中国农业出版社
联合国粮食及农业组织
2025·北京

引用格式要求：

粮农组织。2025。《中华人民共和国内陆渔业概况与加强内陆渔业统计资料收集与分析能力建设》。中国北京，中国农业出版社。https://doi.org/10.4060/cc9258zh

ISBN 978-92-5-138515-9（粮农组织）

ISBN 978-7-109-33303-1（中国农业出版社）

FAO中文出版计划项目丛书

指 导 委 员 会

主　任　韦正林
副主任　彭廷军　郭娜英　顾卫兵　施　维
委　员　徐　明　王　静　曹海军　董茉莉
　　　　余　扬　傅永东

FAO中文出版计划项目丛书

译审委员会

主　任　顾卫兵

副主任　施　维　徐　明　王　静　曹海军

编　委　宋雨星　朱宝颖　刘海涛　张夕珺

宋　莉　闫保荣　赵　文　赵　颖

郑　君　穆　洁　张　曦　孔双阳

曾子心　王宏磊

本书译审名单

翻　译　蒋书伦　凡迎春　匡　箎　任　泷

敬小军　叶　伟　游　磊　周彦锋

陈永进　俞振飞　王　媛

审　校　徐东坡

文稿出处及作者清单

在参与起草本文件的三个机构中，中国水产科学研究院淡水渔业研究中心（FFRC，中国无锡）发挥了最重要的作用。该出版物的大部分贡献来自以下FFRC 工作人员：

FFRC 主要作者：

徐东坡，教授；蒋书伦，助理研究员；凡迎春，工程师。

FFRC 其他作者：

匡箴，助理研究员；任泷，助理研究员；王安琪，助理研究员；王媛，工程师；刘鹏飞，工程师；陈永进，助理研究员；周彦锋，副教授；叶伟，助理研究员；朱健，教授；俞振飞，助理研究员；尤洋，教授；方弟安，教授；张敏莹，副教授；郑宇辰，助理研究员。

联合国粮食及农业组织

技术编辑由粮农组织亚洲及太平洋区域办事处高级渔业官员 Simon Funge、渔业官员（NFI）John Valbo - Jorgensen 和马学婵（NFI）负责。

Robin Leslie（粮农组织顾问）负责语言编辑。

摘　要 | ABSTRACT

中国地形复杂多变、水资源丰富多样，拥有河流、湖泊、水库等各类天然水体。尽管中国淡水资源较为丰富，总量居世界第六位，但由于人口众多，人均占有量较低（仅 2 300 米³），还不到世界平均水平的四分之一，因而被认为是缺水国家。中国江河、湖泊及水库组成的地表水域面积达 2 070 万公顷以上（不含 990 万公顷的沟渠），其中，河流 880 万公顷，湖泊 850 万公顷，水库 340 万公顷。中国内陆水域有鱼类 1 133 种，分属 19 目 54 科 286 属，其中淡水鱼类 1 000 多种，洄游鱼类 20 多种，河口鱼类 100 多种。这些水域和水生生物资源不仅是天然渔业生产的来源和基础，而且对基于种群增殖和水产养殖的鱼类生产意义重大。

中国内陆水域捕捞生产在不同地区间差异很大，自然水体中天然捕捞业非常普遍，但产量相对较低。大多数内陆天然捕捞生产主要集中在河流和湖泊，而大多数水库则以增殖渔业为主。尽管水产养殖生产力在不同国家和系统之间差异很大，但开放水域天然捕捞业的产量远低于水产养殖的产量。

随着经济不断发展，内陆捕捞业在社会经济中的作用也发生了变化。尽管水产养殖产量大幅增加，并提供了大部分淡水鱼供应，但来自天然水域的优质水产品仍然深受消费者青睐，内陆捕捞仍然是部分地区主要的淡水渔业生产方式。

截至目前，尚无法准确获取各水域淡水捕捞总产量的数据，但细化到部分淡水捕捞种类，却有准确的数据统计。2020 年，全国淡水捕捞产量 146 万吨，比 2019 年下降 20.84%。其中淡水鱼占大部分，产量达 111 万吨。2005 年以来，中国淡水捕捞及水产品产值突破 200 亿元，2018 年达到峰值 465.77 亿元。

本次审查挑选了一些试点水域进行了实地捕捞产量调查，以探讨内陆捕捞渔业统计的准确性和薄弱环节。基于内陆捕捞产量高、地理分布广以及在禁渔期制度下尚可进行内陆捕捞等因素，遴选出 5 个中国内陆渔业产量相对较高的水体（白洋淀、南四湖、抚仙湖、淮河和钱塘江）。根据 2021 年至 2022 年各采样水体的样本船的平均产量，估算出各水体的内陆渔业总产量，并与各水体的内陆渔业产量报告数据进行比较。结果显示，基于样本船的统计数据推断出的捕捞产量略低于报告中的数值，但总体差异不显著。

渔获物销售方式除抚仙湖为统一由商贩现场收购外，其余水域均包含渔民自销和商贩现场收购两种方式。不同调查水域的渔获物销售收入差异明显，该差异不仅来自捕捞产量的区别，还源于同一品种在不同地区的单价不一致，以及不同品种的单价不同。

中国淡水产品的整体产量呈现持续增长的趋势。新中国成立初期（1950—1960年），淡水产品的产量逐步增长，其间淡水养殖产量微乎其微。20世纪90年代以来，水产养殖产量逐渐增加；2010年以来，内陆捕捞产量逐渐减少；2016年以来，随着各项禁渔政策的出台和执法力度的加强，特别是"长江十年禁渔"政策的实施，以及主要湖泊禁渔休渔，内陆捕捞产量大幅下降。随着禁渔范围逐步扩大、禁渔期限逐步延长，中国淡水捕捞产量和产值有所下降。可以预见的是，随着水域生态保护意识的增强、禁渔政策的实施和执法力度的加大，淡水捕捞产量和产值将进一步下降。

中国淡水捕捞业具有悠久而丰富的文化史和精神史。传统的生产方式、特殊的风俗习惯、先进的生产理念，均为内陆捕捞渔业转型升级夯实了基础。文化资源的开发利用为内陆捕捞业及相关新兴产业的可持续发展构筑了基石，其经济溢价高于基于粮食供应所能提供的经济溢价。随着中国淡水捕捞业的发展，休闲渔业、生态渔业等渔业新模式也随之繁荣兴盛。

中国的淡水生态系统受多种因素共同影响，天然渔业资源逐渐减少。建设生态社会，加强资源保护，强化环保信息化建设，走资源节约型、环境友好型、可持续发展的道路，已成为当今时代中国发展的方向。

中国建立了全面的水资源管理体制（即水资源管理的机构设置和权限划分等方面的体系和制度的总称）。作为水资源可持续管理的推出和实施工作的一部分，多项法律和法规已颁布。此举旨在推动将民生需求纳入水资源保护工程，加快建设资源节约型、环境友好型社会。大量水生态修复工程也相继启动，修复江河湖泊成为水资源保护最重要的工程之一。

然而，中国水资源管理仍存在问题，如一些地方经济发展与水资源管理不协调，导致经济发展与水域环境承载力不相适应。近十年来，水生生物资源，特别是长江流域的珍稀濒危水生动物资源，严重枯竭，引起了全社会的高度关注。回溯历史，大水面养殖的推广，为中国淡水鱼生产作出了突出贡献，但也带来了水污染问题。

中国城市河流治理理念和手段还不够成熟，尤其是城市河流生态修复还处于初步探索阶段。目前，修复和治理工作主要局限于水质和栖息地的改善，仍然缺乏将其与传统水资源保护相融合的综合手段。2021年全国3 641个地表水考核断面统计数据显示，水质优良比例达到 85%，主要超标指标为化学需氧量、高锰酸盐指数和总磷。

2004 年以来，中国加强和完善了渔业标准体系建设。以水产品质量安全标准为重点，新制定和发布了 350 多项国家标准和行业标准。截至目前，渔业相关的国家标准和行业标准数量已达 804 项，初步形成以国家标准、行业标准为主，地方标准与企业标准为辅的渔业标准体系。标准体系涵盖渔业资源、环境管理、养殖、加工、渔船、捕捞技术、渔具、工程等多个领域，为规范渔业生产、管理和贸易提供了技术保障。

中国渔业统计制度的法律依据主要是《中华人民共和国统计法》《中华人民共和国渔业法》和《渔业统计工作规定》，目前主要采用全面统计调查和抽样调查相结合的方式获取渔业基础数据。

现阶段，内陆渔业部门的发展越来越需要更完善的统计数据（主要包含捕捞和水产养殖）来支撑。然而，渔业统计基础较为薄弱，管理制度及其实施有待进一步完善。在中国，内陆捕捞生产数据主要是基于各个行政层级层层汇总，即从渔村或渔船所在地的基层组织开始，通过自下而上的方式进行汇总。近年来，为提高统计数据的可靠性，国家渔业管理部门组织建设了全国渔业动态信息采集网络。该手段基于独立调查资料，以分层抽样技术为支撑，并以抽样调查作为评估渔业状况的基础。淡水捕捞业中，虽然作业渔船马力较低，但其数量庞大，故统计指标十分复杂且数据量大。

20 世纪 50 年代以来，国务院和国家渔业主管部门颁布了一系列渔业法规、相关通知和指示。1986 年《中华人民共和国渔业法》的颁布，标志着中国渔业管理体制的建立，开启了综合管理的新时代。目前，中国已制定颁布了近千部国家级和地方性渔业法律法规，涵盖了渔业生产和捕捞的方方面面。此外，由权力下放机构制定的渔业地方性法规是各地实施国家渔业法律、行政法规的重要依据，是中国渔业法规的重要组成部分。

中国签署了一系列关于濒危水生生物保护和渔业资源养护与利用的跨境合作协议。自 2004 年以来，中国不同地区陆续成立了各种非政府组织，以加强水资源管理和水生生物保护，推动科技创新。这些举措对中国的水资源保护具有重要意义。

新中国成立以来，所采取的渔业政策有力促进了养殖业和捕捞业的快速发展。此外，以水产资源繁殖、增殖放流和保护为主的渔业管理手段，也促进了水库养殖和渔业综合经营的统一管理及联动发展。在此基础上，根据渔业发展的客观规律和市场需求，主动调整和优化渔业结构。明确水产养殖生产分区和合理布局，划分禁养区和养殖区。

近年来，中国捕捞业的管理政策发生了重要转变，从单纯追求产量增长转向追求可持续发展。随着时代的发展，产业结构也由以发展海洋及淡水捕捞业为主转变为以水产养殖业为主、捕捞业为辅的形态。就内陆渔业而言，主要采取水域增殖放流的形式发展增殖渔业。

中国的禁渔政策始于 1980 年，以黄海、东海地区作为试点，大致经历了试点探索、全面深化到现代治理的演进脉络，具有实施路径从近海流域到内河流域、禁渔时间从短周期到长周期、禁渔区域从局部流域到全流域的演进特征。自 1995 年实施禁渔期制度以来，已过去近 30 年。禁渔制度的实施意义重大，有力促进了渔业资源的保护和科学管理。

渔业管理的重点已从调控水生生物资源量转向维护渔民权益，更加注重生态、经济和社会效益的全面提升。随着传统捕捞逐渐退出大水面，以集体养殖等形式开展以资源养护为目的的生态增殖渔业，可能是中国大水面生态渔业的发展方向。

内陆捕捞业管理的长远发展将着眼于创新或引进更先进的渔业管理理念、合理安排禁渔期、建立更有效的管理措施。新时期以来，大多数水库、湖泊更加倾向于发展生态增殖渔业。通过人工增殖和科学的养殖管理，实现渔业利用与生态保护协调发展，是大型水面渔业发展的方向之一。

休闲渔业是中国渔业发展的另一个方向。总体而言，休闲渔业主要在淡水水体进行，并以旅游导向型休闲渔业、休闲垂钓及采集业为主导细分产业，发展前景广阔。近年来，国家和地方政府高度重视休闲渔业，出台了一系列政策促进休闲渔业健康发展。休闲渔业的高速发展，为渔业融合发展和高质量绿色发展作出了重要贡献。此外，休闲渔业在推动乡村振兴战略实施、带动农（渔）民就业增收、满足城乡居民对美好生活的向往等方面发挥了重要作用。

CONTENTS |目　录|

1 导　　论

1.1　概述

捕捞业和水产养殖业是中国国民经济的重要组成部分，对中国粮食安全、农村发展和农民增收有着至关重要的作用。合理发展的渔业有利于调整农村产业结构，维持自然资源和生物多样性福利；有利于改善国民的膳食结构，提高国民的健康水平；有利于出口创汇、创利创税，增加国家财政收入；有利于广开生产门路，扩大就业机会，以及促进与水产业有关的产业发展。

中国内陆捕捞业历史悠久，从新石器时代开始萌芽，到现今已遍布全国。鱼类是动物蛋白的主要来源，并为当地居民提供必需的微量元素。捕获的野生鱼类比养殖鱼类更有营养，更为重要的是，对于农村贫困家庭来说，相比水产养殖或海洋捕捞，捕获内陆野生鱼类更为容易，且成本低。

世界范围内的内陆捕捞渔业正面临来自多种因素的巨大压力，包括人口的增长，水上项目的建设（尤其是航道、港口、水库和堤坝），污染物的过量排放和景观改造等。渔业资源管理不当所引起的过度捕捞，即捕捞区域的扩大和捕捞强度的加大，均对渔业资源产生严重破坏，导致产量下降和生物多样性丧失。

内陆渔业资源虽然是可再生的，但它们是有限的。水生生态系统只能维持与其生产力相匹配的渔获量。环境完整性下降和过度捕捞将导致系统失去再生能力，从而降低其可持续性。

中国内陆水域总面积约 270 550 千米^2，江河水面约占淡水水面的 46%，主要捕捞水域有鄱阳湖、洞庭湖、洪泽湖、太湖等。

中国从 1950 年开始统计内陆捕捞产量，并从 1981 年开始编纂《中国渔业统计年鉴》。中国内陆捕捞总产量波动较大，1950 年为 30 万吨，1960 年增加到 70 万吨。但因过度捕捞、围垦造田、水体污染、部分水域用于养殖等因素，产量锐减，1978 年仅为 31 万吨。改革开放以来，中国迎来了渔业的大发展，内陆捕捞经历了 20 世纪 80 年代的快速增长阶段，总产量逐年增加，1985 年重回 50 万吨以上。这主要是经济体制改革打破了计划经济的桎梏，给予微观经济部门自主经营权，提高了经济效率，促进了内陆渔业的迅速发展。

20 世纪 80 年代末至 90 年代初产量增速有所放缓，但随着渔业产业工业化的发展和捕捞技术的改进，内陆捕捞产量达到了一个新的增长高潮，并于1993 年首次突破 100 万吨，1998 年首次突破 200 万吨。1998—2017 年这20 年间，内陆捕捞总产量稳定在 218 万～255 万吨之间。

2015 年以来，国家高度重视水生生物资源及其栖息地的保护和恢复，实施了一系列禁渔政策和生态修复措施，内陆捕捞产量迅速下降，并于 2020 年首次跌破 150 万吨。

由于内陆捕捞业对粮食安全和营养、水生生态系统和生物多样性等具有重要意义，因此需要更好地了解中国内陆渔业资源，并加强省级内陆渔业数据的收集和整理。

更重要的是，由于内陆捕捞业的渔业生产是自然或半自然水体生态系统服务功能的产物，因此需要提高对中国内陆渔业资源管理现状和未来计划的认识，从而采取得当的渔业管理措施，使内陆捕捞与生态系统保护保持一致，为实现养护和可持续利用的目标做出贡献。

大多数内陆捕捞生产活动呈现规模小、分散程度高的特征，且相当一部分捕捞者未向政府报备其生产信息。同时，休闲捕捞等其他方式所获产量尚未纳入统计，因此难以准确评估内陆捕捞产量。内陆捕捞数据统计的诸多缺陷与不足增加了对内陆渔业资源真实状况评估的难度。

此外，内陆捕捞渔业统计数据也没有明确区分天然捕捞产量与增殖养殖鱼类产量。基于对中国 1976 年、2002 年和 2008 年渔业数据的评估，联合国粮食及农业组织（FAO）认为，中国记录的内陆渔业产量数据没有明确将水库增殖渔业的产量从天然捕捞渔业中剥离开来。因此，FAO 猜测这部分增加的产量可能也包含在内陆捕捞产量中，导致内陆渔业捕捞统计数据不准确，若含有增殖或养殖渔业的部分，则实际内陆捕捞数据会有一定程度的偏高。

最后，近年来中国禁渔休渔制度的大规模实施，进一步增加了内陆捕捞统计数据的编制难度。当前形势下，迫切需要更为先进和科学的方案来指导内陆捕捞渔业统计数据的收集，以增进对内陆捕捞现状的了解，并制定可持续发展和管理战略。这些对于制定合适的渔业管理措施，以促进内陆渔业与生态系统的保护、养护和可持续利用协调发展而言至关重要。

1.2　目的和意义

1.2.1　有利于内陆捕捞渔业现状评估

通过对国家统计局和农业农村部（原农业部）公布的中国捕捞生产数据的

搜集和调查，以全面统计的调查方式，并辅以抽样调查、重点调查及其他方式，能够获得准确、全面和规范的内陆捕捞生产数据，进而为渔业管理提供重要依据，为内陆渔业资源的保护和合理利用奠定基础。

1.2.2　有利于内陆渔业发展规划的编制

通过内陆捕捞生产调查，可以对渔业资源现状、捕捞产业链关联程度、捕捞生产结构要素等进行分析评估，有助于把握捕捞生产活动、水域环境、渔业资源、渔业经济之间的互作关系，从而制定合适的内陆渔业发展规划，进而调整产业结构、优化布局，实现内陆渔业的可持续发展。

1.2.3　有利于内陆渔业养护管理措施的制定

内陆捕捞产量抽样调查是获取准确的内陆捕捞数据，制定和实施有效的渔业管理政策、水生生物保护和生物多样性管理等措施的重要依据。面对自然渔业资源衰竭的现状，渔业管理部门出台了一系列措施来遏制这种趋势并恢复渔业资源。然而，基于不准确的渔业生产数据制定的渔业管理政策，未能达到预期效果。

不论现行的休渔/禁渔制度，还是即将实施的限额捕捞制度的有效实施，均在很大程度上取决于准确的捕捞产量数据。此外，禁渔区设置、禁渔时长以及限额/配额制度的有效决策与捕捞渔业生产数据的准确性密切相关。

1.2.4　有利于内陆渔业宣传和认知的提升

开展捕捞产量调查对合理利用渔业资源、增强社会对自然渔业资源的保护意识具有重要意义。此外，通过系统的内陆捕捞生产调查，能够丰富、完善中国渔业经济活动相关的信息资料，提高全社会合理利用和保护渔业资源的自觉性，有助于更好地理解和认知中国内陆渔业。

1.3　本次审查中使用的术语解释

年度产量统计：水产品年产量按自然年计算，即从每年 1 月 1 日起至 12 月 31 日止，已从养殖水域捕捞起水或者已从天然水域捕捞并已返航卸港的水产品均统计在年产量中，有的生产渔船在外地进港卸鱼或者在海上由收购船扒载收购的，也按到港时间计算产量。

水产养殖：包括养殖鱼类、软体动物、甲壳类动物和水生植物等，在饲养过程中进行一定程度的干预以提高产量，例如定期放养、投喂、防止敌害等。水产养殖还意味着个人或团体（如企业等）对其养殖对象拥有所有权。为便于统计，水产养殖范畴中，个人或法人团体在整个饲养期间对水生养殖对象具有所有权且最终进行捕获（FAO，1997）。

水产品：渔业（捕捞和养殖）生产活动的最终有效成果，具有以下特点：一是渔业生产活动的成果。包括除淡水水生植物外的全部海、淡水鱼类，虾蟹类，贝类，海藻类和其他类等渔业产品。渔业生产活动以外的其他水产工业、建筑业等创造的产品，不能计入水产品产量。二是渔业生产活动的最终成果。捕捞、养殖生产过程中的中间成果，如鱼苗、鱼种、亲鱼、转塘鱼、存塘鱼和自用作饵料的产品，不能统计在水产品产量。三是渔业生产活动的最终有效成果。上岸前已腐烂变质、无法供人食用或加工成其他制品的水产品，不计入水产品产量。

养殖渔业：该渔业方式是指传统渔业资源捕捞前，水产养殖设施的使用至少参与渔业资源部分生长过程（周期）中。而水产养殖则通常是从初始的孵化阶段开始，将培育出的幼苗或幼体投放到自然或改造的栖息地中（FAO Terminology Portal，2022）。在中国，养殖渔业所涉水体主要由国家、合作社、私营公司或渔业协会所有，在这些水体中开展定期的和/或系统性的放养，并使用相应的捕捞技术进行捕获（而非水产养殖中的池塘回捕方式），则该渔获量被记录为水产养殖产量。

养殖产量和捕捞产量的划分原则：凡人工养殖并已起水的水产品数量为养殖产量，凡捕捞天然生长的水产品数量为捕捞产量。

①凡是人工投放苗种（不包括灌江纳苗）并进行人工饲养管理的淡水养殖水域中捕捞的水产品产量计入淡水养殖产量，否则为淡水捕捞产量。

②凡是人工投放苗种或天然纳苗并进行人工饲养管理的海水养殖水域中捕捞的水产品产量计算为海水养殖产量，否则为海洋捕捞产量。

③稻田养殖的水产品（在稻田中放养的鱼类），也计算为淡水养殖产量。

④自然水域中自然生长的（非放流品种），或孵化苗种放流后回捕比例低于30%的水产品，计入淡水捕捞渔业产量。

增殖渔业：旨在对一种或多种水生物种的资源量进行补充或维持，从而提高渔业总产量，或将特定目标物种的产量提高，使其超过原本自然状态下可持续产生的水平。在增殖放流过程中，可能需要使用水产养殖装置、野外移植的转运设备以及栖息地改造所需的设施（FAO，2011）。

渔获量：在渔业生产过程中，人类从天然水域中获得的具有经济价值的水生生物的质量或重量。

鱼类区系：目前或历史上生存于一定地理条件下某一水域的所有鱼类及其组成。

渔业管理：国家利用行政和法律手段调整渔业领域内人与人、人与自然的关系，维护国家渔业权益、渔业生产过程中的合法利益，促进渔业生态平衡，持续发展渔业生产力，为社会和人民提供优质水产品而采取的一系列监督管理活动。渔业管理机构必须依靠渔业法律、法规的授权来行使职权，故渔业管理又是国家运用法制程序实行政府对渔业的行政监督和科学管理。法制程序包括渔业立法、渔政执法和渔民守法。

渔业资源监测：对渔业资源状况及其环境要素进行连续或定期的观测、测定和分析。

渔业资源：又称水产资源，是渔业生产的天然来源和基础，指出于食用、营养或经济等目的而捕获的，在天然水域中具有开发利用价值的鱼、甲壳类、贝、藻和海兽类等经济动植物的总和。按水域可分为内陆水域渔业资源和海洋渔业资源两大类，其中鱼类资源占主要地位。

捕捞渔业产量：指渔业生产所捕获的鱼类和其他水生动物的总质量，一般以千克、吨、担、箱等作为计量单位。对大型、稀少、珍贵的水产动物，有时也以头、只、尾等作为计量。

淡水捕捞渔业：在内陆淡水水域（河流、湖泊、水库和池塘）采捕天然渔业资源及水生资源的生产活动。

淡水捕捞产品：包括淡水鱼、甲壳类动物（如虾、蟹等）、贝类、藻类等其他类群。

家庭生计渔业：该渔业形式在某些区域（如长江流域）被禁止。在其他区域，它被限定为仅能通过单竿单钩的垂钓方式进行，与休闲渔业有相似之处，但渔获物仅供家庭生计之用。

内陆捕捞渔业：在内陆的自然或增殖水域中从事的捕捞生产活动，但不包括水产养殖。即从天然或人工的内陆水域捕获鱼类和其他水生生物，但不包括来自水产养殖设施的部分（FAO，2011）。

产量计量标准：除海蜇及各种海藻外，水产品均按实际重量（鲜重）计算。

休闲渔业：指主要动机是休闲而非营利、获取食物或科研，且从中产生的部分或全部渔获物均不涉及出售、易货或贸易的任何渔业形式（FAO Terminology Portal，2022）。

在中国，休闲渔业与家庭生计渔业有相似之处，不同的是，休闲渔业可能需要向管理部门或渔业协会登记注册。据中国渔业协会统计，中国约有1亿人从事某种形式的渔业生产活动（包括近海渔业和鱼塘捕捞等）。然而，并非所有水域均被严格管控、要求渔民登记注册，因此从事休闲和生计渔业的总人数可能会更高。

统计：水产品产量统计中，养殖产量按照水域所在地统计，内陆捕捞产量按照渔船所属地统计，远洋渔业产量按照远洋渔业管理规定进行统计。

增殖放流：旨在对一种或多种水生物种的资源量进行补充或维持，从而提高渔业总产量，或将特定目标物种的产量提高，使其超过原本自然状态下可持续产生的水平。基于此，增殖放流包括各种增殖措施，主要包括：①引进新物种；②在天然和人工水体中放流，包括使用来自水产养殖的苗种；③授精；④环境工程，包括栖息地改造和水体改善；⑤改变物种组成，包括清除不需要的物种或人工组建一个由选定物种构成的物种区系；⑥基因改造以及引入非本地物种或基因型（FAO Terminology Portal，2022）。在中国，增殖放流是指用人工方法直接向海洋、滩涂、江河、湖泊、水库等天然水域投放或移入渔业生物的受精卵、幼体或成体，以恢复或增加种群数量，改善和优化水域的群落结构。广义来讲，还包括改善水域的生态环境、向特定水域投放某些装置（如附卵器、人工鱼礁等）、野生种群的繁殖保护（如保护亲鱼和产卵场）等间接增加水域种群资源量的措施。需要说明的是，放流的江河、湖泊、水库以及用于放流或培育的水域不包括在养殖面积之内。人工增殖水产品捕捞量低于总产量30％的水域，其产量计入淡水捕捞渔业产量，而不计入养殖产量；水域面积也不计入养殖面积。

生计捕鱼：通过全职从事捕捞来满足家庭粮食需求的家庭，主要由少数民族家庭从事，不再是共同生计。

水体生产力：也称水体生物生产力，是指单位水体在单位时间内所能生产生物的能力，是水体保证水生生物种群再生产速率的一种性能。它是水域满足有经济价值的生物生存需求的一种综合性能，其大小通常取决于水域的理化因素、生物因素和人为因素的相互作用。

2 中国内陆水域总体特征

2.1 内陆水域组成

中国是世界上内陆水域面积最大的国家之一，内陆水域面积为 2 700 余万公顷，其中江河面积约为 1 200 万公顷，湖泊面积约为 800 万公顷，水库 8 万余座，这些水域不仅用于捕捞渔业生产，还是增殖、养殖的渔业基地。

外流河流域主要集中分布于中国东南部地区，总面积为 6.12 亿公顷，占国土面积的 63.8%；少数为内流流域，总面积为 3.48 亿公顷，占国土面积的 36.2%，但径流量较少，仅占地表径流总量的 4.5%。

湖泊约占中国内陆水域总面积的 30%，主要集中于东部平原、东北平原、云贵高原、蒙新高原和青藏高原。全国水库以秦岭以南、长江中下游一带分布最为稠密，因为这些地区气候温暖，水质条件良好，适合发展增殖及养殖渔业。

中国内陆水域渔业生产发展较不均衡，天然捕捞较为普遍，但产量远低于水产养殖的产量。内陆捕捞渔业多集中在主要河流和湖泊，水库多以增殖渔业为主。人工池塘养殖的产量虽然相对较高，但不同类型的水域养殖单产高低悬殊。

2.1.1 水资源分布

中国水资源总量较为丰富，居世界第六位，但由于中国人口众多，人均占有量仅为 2 300 米^3，不足世界人均占有水量的四分之一。中国的水资源时空分布极为不均（表 2.1），其中淮河流域及其以北地区的国土面积占全国的 63.5%，但水资源仅占全国总量的 19%，长江流域及其以南地区集中了全国水资源总量的 81%，而该地区耕地面积仅占全国的 36.5%，由此形成了南方水多、耕地少，北方耕地多、水量不足的局面。

中国十大江河水系可分为三个不同的区域：南方地区、北方地区和西北地区：

①南方地区，包括长江、珠江、华东与华南沿海、西南河流四大流域，人

口多，土地少，水资源相对丰富；

②北方地区，包括长江以北的松花江、辽河、黄河、淮河、海河流域五大流域，具有人口多、土地广、水资源严重短缺的特征；

③西北地区，除额尔齐斯河外均为内陆河流域，土地面积 337 万千米^2，约占全国面积的 35%。该地区地广人稀，气候干旱，生态环境脆弱。尽管该地区人均水资源不低，耕地资源丰富，但水土资源的开发利用却受到生态环境的严重制约。

表 2.1　中国各省份水资源总量

地区	降水量（毫米）	地表水资源量（亿米^3）	地下水资源量（亿米^3）	不可再生地下水和地表水资源量（亿米^3）	水资源总量（亿米^3）
全国	692	28 311	8 196	1 328	29 638
北京	924	32	48	30	61
天津	984	31	11	9	40
河北	790	228	220	149	377
山西	733	156	114	52	208
内蒙古	344	789	239	154	943
辽宁	933	460	151	52	512
吉林	710	380	166	79	459
黑龙江	648	1 021	347	176	1 196
上海	1 475	46	11	8	54
江苏	1 190	443	135	58	501
浙江	1 993	1 323	262	21	1 345
安徽	1 292	798	212	85	883
福建	1 477	757	239	1	759
江西	1 587	1 401	332	19	1 420
山东	980	382	238	144	525
河南	1 128	557	257	132	689
湖北	1 269	1 170	326	18	1 189
湖南	1 490	1 784	437	7	1 791
广东	1 421	1 211	301	10	1 221
广西	1 383	1 541	349	1	1 541
海南	1 881	335	93	7	342
重庆	1 404	751	129	0	751

（续）

地区	降水量 （毫米）	地表水资源量 （亿米³）	地下水资源量 （亿米³）	不可再生地下水 和地表水资源量 （亿米³）	水资源总量 （亿米³）
四川	1 005	2 923	626	1	2 925
贵州	1 227	1 091	264	0	1 091
云南	1 124	1 616	563	0	1 616
西藏	579	4 409	994	0	4 409
山西	955	811	200	42	853
甘肃	289	268	120	11	279
青海	356	824	363	18	842
宁夏	274	8	16	2	9
新疆	162	768	434	41	809

资料来源：中华人民共和国水利部《2021年中国水资源公报》。

2.1.2 河流系统

中国河流众多（表 2.2），所有河流总长度达 43 万千米。流域面积在 100 千米² 以上的河流有 5 万多条，1 000 千米² 以上的河流有 1 580 条；流域面积超过 1 万千米² 的大江大河有 79 条，长度超过 1 000 千米的河流有 20 多条。自古以来，河流在中国内陆捕捞和鱼类生产的发展和布局中都占有重要的地位，其中长江三角洲和苏北平原河流密布，是中国淡水渔业最发达的地区，其次是珠江三角洲、黑龙江水系和新疆额尔齐斯河。中国的主要河流有松花江、辽河、海河、黄河、淮河、长江和珠江。其中，长江和黄河是中国最长的河流。

表 2.2　中国主要河流流域面积

类型	流域名称	面积 （千米²）	占外流河、内陆河流域 面积合计（%）
	长江	1 782 715	18.75
	黑龙江及绥芬河	934 802	9.83
	黄河	752 773	7.92
	珠江及沿海诸河	578 974	6.09
外流河	雅鲁藏布江及藏南诸河	387 550	4.08
	淮河及山东沿海诸河	330 009	3.47
	海滦河	320 041	3.37
	辽河、鸭绿江及沿海诸河	314 146	3.30

（续）

类型	流域名称	面积 （千米²）	占外流河、内陆河流域 面积合计（%）
外流河	浙闽台诸河	244 574	2.57
	元江及澜沧江	240 389	2.53
	怒江及滇西诸河	157 392	1.66
	藏西诸河	58 783	0.62
	额尔齐斯河	48 779	0.51
内陆河	塔里木内陆河	1 079 643	11.36
	羌塘内陆河	730 077	7.68
	河西内陆河	469 843	4.94
	准格尔内陆河	323 621	3.40
	青海内陆河	321 161	3.38
	内蒙古内陆河	311 378	3.28
	中亚细亚内陆河	77 757	0.82
	松花江、黄河、藏南闭流区	42 271	0.44

资料来源：中华人民共和国水利部《第二次水资源评价》。

2.1.3　湖泊

中国湖泊约占全国内陆水域总面积的 30%（表 2.3），主要分布在长江中下游平原和青藏高原。特大型湖泊有青海湖、鄱阳湖、洞庭湖、太湖等；大型湖泊有巢湖、高邮湖、鄂陵湖、羊卓雍错等。这些湖泊数量仅占湖泊总数的 1.1%，但面积却占中国湖泊总面积的 50.5%。

表 2.3　中国湖泊统计数据

面积范围（千米²）	数量	总面积（千米²）
＞1 000	14	34 618
500～1 000	17	11 231
100～500	108	22 415
10～100	517	16 992
10	656	85 257
1～10	2 086	5 763
1	2 759	91 020

中国东部淡水湖众多，如鄱阳湖、洞庭湖、洪泽湖、太湖、巢湖等，这些

湖泊约占湖泊总面积的45%。西部多咸水湖，如青海湖等（表2.4）。

表 2.4 中国主要湖泊

名称	主要所在地	所属流域	湖泊面积（千米²）	湖泊蓄水量（亿米³）	湖泊类型
青海湖	青海	柴达木地区	4 200	742	咸水湖
鄱阳湖	江西	长江流域	3 960	259	淡水湖
洞庭湖	湖南	长江流域	2 740	178	淡水湖
太湖	江苏	长江流域	2 338	44	淡水湖
呼伦湖	内蒙古	内蒙古地区	2 000	111	咸水湖
纳木错	西藏	藏北地区	1 961	768	咸水湖
洪泽湖	江苏	淮河流域	1 851	24	淡水湖
色林错	西藏	藏北地区	1 628	492	咸水湖
南四湖	山东	淮河流域	1 225	19	淡水湖
扎日南木错	西藏	藏北地区	996	60	咸水湖
博斯腾湖	新疆	甘新地区	960	77	咸水湖
当惹雍错	西藏	藏北地区	835	209	咸水湖
巢湖	安徽	长江流域	753	18	淡水湖
乌伦古湖	新疆	甘新地区	730	5	咸水湖
高邮湖	江苏	淮河流域	650	9	淡水湖
羊卓雍错	西藏	藏北地区	638	146	咸水湖
鄂陵湖	青海	黄河流域	610	108	淡水湖
哈拉湖	青海	柴达木地区	538	161	咸水湖
阿牙克库木湖	新疆	藏北地区	570	55	咸水湖
扎陵湖	青海	黄河流域	526	47	淡水湖
艾比湖	新疆	甘新地区	522	9	咸水湖
昂拉仁错	西藏	藏北地区	513	102	咸水湖
塔若错	西藏	藏北地区	487	97	咸水湖
格仁错	西藏	藏北地区	476	71	淡水湖
赛里木湖	新疆	甘新地区	454	210	咸水湖
松花湖	吉林	黑龙江流域	425	108	淡水湖
班公错	西藏	藏北地区	412	74	东淡西咸
玛旁雍错	西藏	藏南地区	412	202	淡水湖
洪湖	湖北	长江流域	402	8	淡水湖
阿其克库勒湖	新疆	甘新地区	345	34	咸水湖

（续）

名称	主要所在地	所属流域	湖泊面积（千米²）	湖泊蓄水量（亿米³）	湖泊类型
滇池	云南	长江流域	298	12	淡水湖
拉昂错	西藏	藏南地区	268	40	淡水湖
梁子湖	湖北	长江流域	256	7	淡水湖
洱海	云南	西南诸河	253	26	淡水湖
龙感湖	安徽	长江流域	243	4	淡水湖
骆马湖	江苏	淮河流域	235	3	淡水湖
达里诺尔湖	内蒙古	内蒙古地区	210	22	咸水湖
抚仙湖	云南	珠江流域	211	19	淡水湖
泊湖	安徽	长江流域	209	3	淡水湖
石白湖	江苏	长江流域	208	4	淡水湖
月亮泡	吉林	黑龙江流域	206	5	淡水湖
岱海	内蒙古	内蒙古地区	140	13	咸水湖
吉力湖	新疆	甘新地区	160	13	淡水湖
镜泊湖	黑龙江	黑龙江流域	95	16	淡水湖

资料来源：中华人民共和国水利部《中国水利统计年鉴 2017》。

2.1.4 水库

水库是在江河或溪流等水域中由人工筑坝形成的水体，主要功能是防洪、发电、灌溉和航运等。水库建设已成为影响地球表面水体分布的重大人类工程。水库遍布世界各地，特别是在天然湖泊较少的地区。中国是世界上水库数量最多的国家之一，数据显示，15 米以上的高坝水库占全球水库总数的 46%。截至 2020 年，中国已建成各类水库 98 566 座，总库容 9 306 亿米³（表 2.5）。其中大型水库 774 座，总库容 7 410 亿米³；中型水库 4 098 座，总库容 1 179亿米³；小型水库 93 239 座，总库容 702 亿米³。表 2.6 所示为中国最大的 72个水库。其中，三峡水库是世界上最大的水库工程。

表 2.5 中国已建水利工程盘点（截至 2020 年）

类型	数量
水库	各类水库 98 566 座，总库容 9 306 亿米³。其中：大型水库 774 座，总库容 7 410 亿米³（占总库容的 79.6%）；中型水库 4 098 座，总库容 1 179 亿米³（占总库容的 12.7%）；小型水库 93 694 座，总库容 717 亿米³。

（续）

类型	数量
灌区工程	1万亩*以上灌区7 713个，总耕地灌溉面积336 380千米²。其中：30万～50万亩灌区282个，总耕地灌溉面积54 780千米²；超过50万亩的大型灌区172个，总耕地灌溉面积12 344千米²。
堤防	五级以上江河堤防328 100千米；累计达标堤防239 600千米；堤防达标率为73.03%。
水闸	流量5米³/秒及以上的水闸103 474座；分洪闸8 249座；排（退）水闸18 345座；挡潮闸5 109座；引水闸13 829座；节制闸57 942座。

资料来源：中华人民共和国水利部《2020年中国水资源公报》。

表2.6 中国水库基本情况

编号	名称	所属省份	流域	库容（亿米³）
1	三峡水库	湖北	长江	393
2	龙滩水库	广西	珠江	272.7
3	龙羊峡水库	青海	黄河	247
4	新安江水库	浙江	钱塘江	220
5	丹江口水库	湖北	长江	209.7
6	大七孔水库	贵州	长江	190
7	水丰水库	辽宁	鸭绿江	146.7
8	新丰江水库	广东	珠江	139.8
9	小浪底水库	河南	黄河	126.5
10	丰满水库	吉林	松花江	107.8
11	天生桥一级水库	广西	珠江	106.8
12	三门峡水库	河南	黄河	103.1
13	东江水库	湖南	长江	81.1
14	柘林水库	江西	长江	79.2
15	白山水库	吉林	松花江	65.1
16	刘家峡水库	甘肃	黄河	61.2
17	二滩水库	四川	长江	57.9
18	密云水库	北京	海河	43.8
19	官厅水库	河北	海河	41.6

---

* 1亩＝1/15公顷≈667米²。——编者注

（续）

编号	名称	所属省份	流域	库容（亿米³）
20	东平湖	山东	黄河	40
21	莲花水库	黑龙江	松花江	39.2
22	云峰水库	吉林	鸭绿江	39.1
23	隔河岩水库	湖北	长江	37.7
24	大藤峡水库	广西	珠江	37.1
25	柘溪水库	湖南	长江	35.7
26	桓仁水库	辽宁	鸭绿江	34.6
27	岩滩水库	广西	珠江	33.5
28	松涛水库	海南	南渡江	33.4
29	西津水库	广西	珠江	30
30	五强溪水库	湖南	长江	29.9
31	潘家口水库	河北	滦河	29.3
32	西洱河一级水库	云南	西洱河	27.7
33	陈村水库	安徽	长江	27.2
34	响洪甸水库	安徽	淮河	26.3
35	水口水库	福建	闽江	26
36	红山水库	内蒙古	辽河	25.6
37	宝珠寺水库	四川	长江	25.5
38	安康水库	陕西	长江	25.8
39	花凉亭水库	安徽	长江	24
40	梅山水库	安徽	淮河	23.4
41	乌江渡水库	贵州	长江	23
42	万安水库	江西	长江	22.2
43	棉花滩水库	福建	汀江	22.1
44	大伙房水库	辽宁	辽河	21.9
45	观音阁水库	辽宁	辽河	21.7
46	湖南镇水库	浙江	瓯江	20.6
47	漳河水库	湖北	长江	20.3
48	枫树坝水库	广东	珠江	19.4
49	镜泊湖	黑龙江	松花江	16.3
50	二龙山水库	吉林	辽河	17.6
51	南湾水库	河南	淮河	16.3

（续）

编号	名称	所属省份	流域	库容（亿米^3）
52	富水水库	湖北	长江	16.2
53	葛洲坝	湖北	长江	15.8
54	岗南水库	河北	海河	15.7
55	于桥水库	天津	海河	15.6
56	凤滩水库	湖南	长江	15.4
57	王快水库	河北	海河	13.89
58	峡山水库	山东	潍河	13.77
59	察尔森水库	内蒙古	洮儿河	13.65
60	陆浑水库	河南	黄河	13.2
61	白莲河水库	湖北	长江	12.5
62	南水水库	广东	珠江	12.43
63	鸭河口水库	河南	长江	12.25
64	黄壁庄水库	河北	海河	12.1
65	大化水库	广西	珠江	12.1
66	故县水库	河南	黄河	12
67	黄龙滩水库	湖北	长江	11.6
68	澄碧河水库	广西	珠江	11.54
69	鹤地水库	广东	九洲江	11.51
70	高州水库	广东	鉴江	11.5
71	岳城水库	河北	海河	10.9
72	西大洋水库	河北	海河	10.7

资料来源：中华人民共和国水利部。

2.1.5 内河航道概况

除京杭大运河外，中国各主要内河航道干线，如长江、珠江、淮河和黑龙江等，一般均为自西向东流、呈纬向分布，该特征与中国资源和经济的空间分布格局（主要密布于南方各省份）相呼应。

其中航道里程在 2 000 千米以上的省份共有 12 个（表2.7）。除黑龙江省外，其他 11 个省份均位于长江沿岸及以南地区，航道合计里程为 9.52 万千米，占全国航道总里程的 87.1%。江苏省的航道里程最长，达 2.4 万多千米，占全国总里程的 22%。其次为广东、浙江和湖南 3 省，其里程均在 1 万千米以上。

从航道密度上看，平均每 1 000 平方千米国土拥有 10 千米以上航道的省份共有 15 个。除山东和黑龙江外，其他省份均分布在长江沿岸及以南地区。其中，上海的密度最大（41.2 万千米/千米²），其次为江苏（24 万千米/千米²）和浙江（10.6 万千米/千米²）。

可通航百吨以上船舶的航道主要分布在长江、珠江、黑龙江、淮河和京杭大运河五大水系（简称"三江两河"水系），合计里程近 3 万千米，占全国该类航道总里程的 80% 以上，以长江水系所占的比重为最大，其次为珠江水系和京杭大运河等。

表 2.7　中国主要内河航道分布

航道里程（千米）			
范围	省份数量（个）	合计	占全国的百分比
>2 000 千米	12	100 695 千米	92.13%
航道密度			
范围	省份数量（个）	航道密度最大的省份及密度大小	
>1 万千米/千米²	15	上海（41.2 万千米/千米²）	
可通航 100 吨以上船舶的水路系统			
主要分布区域	合计	占全国的百分比	
长江、珠江、黑龙江、淮河、京杭大运河	约 3 万千米	>80%	

资料来源：中国国家统计局《中国统计年鉴 1989》。

长江是世界第三大河，也是内河航运最发达的河流，被称为中国的"黄金水道"，共有通航支流 3 600 多条，其干流和支流合计通航里程为 7 万多千米（含京杭大运河和淮河）。当前中国大部分的内河货运集中在长江水系。珠江是中国四大河流之一，流域涉及中国六省份和越南部分地区，合计通航里程为 1.4 万多千米，以西江为主要航道。

2.1.6　过鱼设施工程概况

过鱼设施是为了使鱼类通过拦河闸坝抵达产卵或培育场所而设置的结构物和机械装置。按鱼类洄游特性分为溯河洄游过鱼设施和降河洄游过鱼设施两类，有鱼道、鱼闸、升鱼机和集鱼船等形式。闸坝截断河道后，阻断了鱼类的天然洄游通道。建造过鱼设施，便于鱼类在克服水流落差的情况下过坝，这是保护江河鱼类资源的措施之一。

相对于欧美等国家，中国鱼道研究起步较晚，大约始于 20 世纪 60 年代。总体来说，鱼道的研究和发展大致经历了 3 个时期：初步发展时期（20 世纪60—70 年代）、停滞期（20 世纪 80—90 年代）和二次发展期（2000 年以后）。

规划开发富春江七里垅水电站时，首次提及鱼道概念，并开展了水系生态环境的调查和科学试验，自此进入初步发展阶段。鱼道发展的停滞，主要是受葛洲坝水利枢纽过鱼设施争论的影响，最终采取建设增殖放流站的方法来解决中华鲟等珍稀物种的保护问题。

然而，部分研究资料表明，葛洲坝三个船闸的下游是鱼类积聚最多的地方，这说明鱼类依然要本能地通过大坝上溯。仅仅设置增殖放流站不能解决根本性问题，它仅能缓解中华鲟等珍稀鱼类的上溯问题，却不能解决普通鱼类的上溯问题，更不能维持河道的流通性和保护生态环境。

随着环保意识的深入，在二次发展期，环境影响报告中要求具备条件的水利水电工程在新建与修复重建过程中均需要增设过鱼设施，以期达到生态修复、维护生物多样性、减缓对鱼类影响的目标，如北京的上庄闸、广西长洲水利枢纽、浙江曹娥江挡潮大闸等。

对 2000 年以来经过环境影响技术评估的 24 个国家级水利水电项目鱼道建设相关数据进行不完全统计，共有 12 个与鱼道相关的项目。其中，从鱼道型式看，包含垂直竖缝式鱼道 7 个、仿自然通道 3 个、导墙式鱼道 1 个和横隔板式鱼道 1 个。从垂直竖缝式、仿自然通道和导墙式鱼道对应的坝高看，前两者对应坝高范围较大，垂直竖缝式鱼道坝高介于 6.0 米和 39.7 米之间，仿自然通道型式鱼道对应坝高为 6.0～28.7 米，导墙式鱼道对应坝高相对较高，为 32 米。

2.2 鱼类资源概况

中国是世界上淡水水面较多的国家之一，淡水水面面积约为 3 亿亩，其中可供养鱼的水面约 7 500 万亩。中国大部分地区位于温带和亚热带，气候温和，雨量充沛，适合鱼类生长。

2.2.1 鱼类生物多样性

中国有 1 323 种淡水鱼类，以鲤形目鲤科为最多（Xing 等，2016），其中中国特有种有 877 种。

中国内陆水域分布有 1 133 种鱼类，分属于 19 目、54 科、286 属（熊鹰，2015），其中淡水鱼类 1 000 余种，洄游性鱼类 20 余种，河口性鱼类 100 余种。

从分类学上看，原生种以鲤形目为主，有 838 种，占总数的 73.96%；其次是鲇形目，有 113 种，占总数的 9.97%；鲈形目有 88 种，占总数的 7.77%。此外，还有鲑形目 32 种，鲉形目 9 种，鲟形目 8 种，鳗鲡目、鲟形目各 7 种，鲽形目、颌针鱼目各 5 种，七鳃鳗目、鲱形目、鲽形目各 3 种，鳕形目、刺鱼目、合鳃鱼目各 2 种，鳉形目、骨舌鱼目各 1 种。

从物种濒危程度看，其中有 199 种鱼类为濒危物种，并包含 161 种特有种，且大多数被列为"濒危"（85 种）或"易危"（70 种）（Xing 等，2016）。

此外，其中至少有 439 种淡水鱼类为外来物种，隶属于 22 目、67 科、256 属（Xiong 等，2015），以鲈形目（38.5%）、脂鲤目（14.8%）、鲇形目（13.9%）和鲤形目（11.2%）为主。这些鱼类主要来源于南美洲（35.5%）、亚洲（23.0%）和非洲（21.4%）。

2.2.2 区域分布

根据中国地理和自然环境、鱼类品种和气候等方面的差异，中国淡水鱼类的分布可划分为 5 个区、21 个亚区（李思忠，1981）。5 个大区简述如下：

东南区：包括广东、广西、云南、贵州、福建、台湾和海南。这些地区主要分布有暖水性鱼类，品种繁多，代表鱼类有鲮、沙鳅、爬岩鳅、平鳍鳅、小吻鱼、胡子鲇、鳗鲡、斗鱼、攀鲈等。

北部区：以冷水鱼类为主，鲟鱼属、狗鱼属、哲罗鲑属等鱼类较多，如大马哈鱼、狗鱼、香鱼、雪鱼、拟赤梢鱼、八目鳗等。

西北高原区：包括新疆、西藏北部、内蒙古西部、青海、甘肃、陕西等地。代表鱼类有中华弓鱼、黄爪鱼、裸鲤、条鳅、江鳅等。

怒澜区：包括西藏南部、四川、云南西部等地，地理位置特殊，形成鲮、中华鲅鱼、平鳍鳅、沙鳅、条鳅、须鳅、鲈、黄鳝、乌鳢、中华弓鱼等东南区、西北区鱼类群系混合的特点。

江河平原区：包括长江中下游、黄河下游及辽河下游。这些地区河流纵横交错，拥有众多的湖泊，是中国淡水鱼类的主产区，如青鱼、草鱼、鲢、鳙、鲤、鲫、鲇、鳊、鳜、鲂等天然鱼类资源丰富。

长江流域是中国淡水渔业最重要的产区，鱼类资源最丰富，有鱼类 400 多种，其中纯淡水鱼 350 多种。长江渔获量占中国内陆捕捞渔业总产量的 60%，盛产青鱼、鲢、鳙等数十种重要经济鱼类。然而，近几十年来，由于人类活动和环境变化等因素的综合影响，鱼类总体资源量大幅减少，部分种类已呈濒危状态。

2.2.3 国家级水产种质资源保护区概况

中国水生生物多样性高，水产种质资源丰富且分布广泛。但由于过度捕捞、水利工程建设和生境破坏，中国许多地区水产种质资源锐减，甚至消失，严重影响了内陆捕捞业的经济发展、鱼类遗传育种和生态保护等。

中国内陆水域濒危鱼类名录表中，共有濒危物种 245 种（特有种 202 种），分属于 10 目、28 科、108 属，约占内陆水域鱼类总数的 20%。2021 年中国公布的《国家重点保护野生动物名录》中，国家一级保护鱼类有中华鲟、达氏鲟、鳇、北方铜鱼。国家二级保护鱼类有花鳗鲡、胭脂鱼、圆口铜鱼（野生种群）、松江鲈（野生种群）等 60 余种（部分名录仅包括野生种群）。

水产种质资源保护区的设立是保障水生生物多样性、实现种质资源可持续利用的核心策略，其保护对象涵盖产卵场、索饵场、越冬场及洄游通道等关键生境。2007 年，农业部办公厅正式明确该类保护区的法律地位，将其界定为依法实施特殊保护与管理的核心区域，重点维护水产种质资源及其栖息环境的原始生态功能，以平衡资源保护与科学利用需求。

截至 2022 年，中国已建成 535 处国家级水产种质资源保护区，总保护面积突破 15 万千米²，形成覆盖 300 余种水产种质资源的保护网络，其中淡水鱼类保护成效尤为显著。配套建设近千个专业化保种场，构建起活体种质资源库（含 120 余种经济水产物种）及细胞库、配子库、基因库三位一体的遗传资源保存体系，保存了 2 028 种各类资源。当前，我国已初步建立标准化种质资源收集-鉴定-保存技术流程，突破鱼类细胞冻存、精子超低温保藏、胚胎玻璃化冷冻等关键技术，完成 30 余种水产生物全基因组测序及高密度遗传连锁图谱构建，为水产种质资源保护与开发利用提供系统性科技支撑。

2.3 内陆水域水环境现状

2.3.1 水质状况

《2021 中国生态环境状况公报》基于《地表水环境质量标准》（GB 3838—2002）对中国 3 632 个国家地表水考核断面现状（2021 年 1 月至 12 月）进行了评估，结果显示：84.9% 的断面水质优良（Ⅰ～Ⅲ类），比 2020 年提高 1.5 个百分点；劣Ⅴ类断面比例为 1.2%，均达到 2021 年水质目标要求。主要污染指标为化学需氧量、高锰酸盐指数和总磷。

2021 年 1—12 月，对 210 个重点湖（库）的监测显示，水质优良（Ⅰ～Ⅲ类）湖库个数占比 72.9%，同比下降 0.9 个百分点；劣Ⅴ类水质湖库个数占比 5.2%。主要污染指标为总磷、化学需氧量和高锰酸盐指数。在开展营养状态监测的 209 个湖（库）中，中度富营养的有 9 个，占 4.3%；轻度富营养的 48 个，占 23.0%；其余湖（库）为中营养或贫营养状态。具体来看，太湖为轻度污染、轻度富营养，主要污染指标为总磷；巢湖为轻度污染、中度富营养，主要污染指标为总磷；滇池为轻度污染、中度富营养，主要污染指标为化学需氧量、总磷和高锰酸盐指数；丹江口水库和洱海水质均为优、中营养；白洋淀水质良好、中营养。与上年同期相比，白洋淀水质有所好转，太湖、巢湖、滇池、丹江口水库和洱海水质均无明显变化；白洋淀营养状态有所好转，巢湖营养状态有所下降，太湖、滇池、丹江口水库和洱海营养状态均无明显变化。

2021 年 1—12 月，七大流域及西北诸河、西南诸河和浙闽片河流水质优良（Ⅰ～Ⅲ类）断面比例为 87.0%，比 2020 年上升 2.1 个百分点；劣Ⅴ类断面比例为 0.9%，同比下降 0.8 个百分点。主要污染指标为化学需氧量、高锰酸盐指数和总磷（表 2.8）。其中，长江流域、西北和西南诸河、浙闽片河流和珠江流域水质为优；黄河流域、辽河流域和淮河流域水质良好；松花江和海河流域为轻度污染。

表 2.8　地表水环境质量标准部分项目标准限值

	Ⅰ类	Ⅱ类	Ⅲ类	Ⅳ类	Ⅴ类
水温（℃）	人为造成的环境水温变化应限制在：周平均最大水温上升≤1；周平均最大水温下降≤2				
pH（无量纲）	6～9				
溶解氧（毫克/升）≥	7.5 溶解氧饱和度>90%	6	5	3	2
高锰酸盐指数（毫克/升）≤	2	4	6	10	15
氨氮（NH_3-N）（毫克/升）≤	0.15	0.5	1.0	1.5	2.0
总磷（以 P 计）（毫克/升）≤	0.02（湖、库 0.01）	0.1（湖、库 0.025）	0.2（湖、库 0.05）	0.3（湖、库 0.1）	0.4（湖、库 0.2）
总氮（湖、库，以 N 计）（毫克/升）≤	0.2	0.5	1.0	1.5	2.0

2.3.2　主要水体生产力分析

黄河干流鱼类资源变动规律统计显示，20 世纪 50—60 年代，黄河鱼类资源丰富、产量较高，70 年代急剧下降，到 80 年代更低，与 50 年代相比捕捞产量下降 80%～85%。目前，对黄河干流鱼类资源的定量研究较少。可以确定的是，黄河上游仍有部分渔业资源，小浪底水库以下河段次之，黄河中游最差，中游干流的鱼类资源更为匮乏，黄河干流的鱼类资源已遭到了严重破坏。

洞庭湖作为长江中游典型通江湖泊与淡水生物多样性关键分布区，其鱼类资源调查结果显示：截至 2022 年，已系统记录鱼类物种 130 种，其中对 71 种具代表性的经济鱼类进行生物学分析表明，鲤形目鲤科鱼类（鲤、鲫、鲇、黄颡鱼等定居性物种）与青草鲢鳙"四大家鱼"（青鱼、草鱼、鲢、鳙）构成优势种群（Chen 等，2022），其渔获量占比达 63.7%，是洞庭湖的主要经济鱼类。由此推算，洞庭湖天然捕捞年产量约为 2.7 万吨，呈现显著的空间异质性特征：东洞庭湖（1.2 万吨）贡献最大产量，南洞庭湖（0.9 万吨）次之，西洞庭湖（0.6 万吨）产量相对较低。

鄱阳湖相关鱼类资源调查显示，共采集到鱼类 78 种，渔获物同样以鲤、鲫、鲇、黄颡鱼等定居性鱼类和"四大家鱼"为主，占总量的 85.4%，这些鱼类是鄱阳湖的主要经济鱼类，据此估算鄱阳湖天然捕捞产量为 2.9 万吨。

长江流域不同河段鱼类种类数及单船渔获量如表 2.9 所示。

表 2.9　长江各江段渔获物种类及产量

江段	鱼种数量 （种）	主要种类	日均单船产量 （千克）
金沙江下游江段	71	圆口铜鱼、瓦氏黄颡鱼、墨头鱼、鲇和鲤	3.0
三峡库区以上江段	112	瓦氏黄颡鱼、尖吻鲈、圆筒吻鮈、蛇鮈和鲫	2.9
三峡库区	62	鲢、鲤、鲫、瓦氏黄颡鱼和翘嘴鲌	12.3
荆州江段	50	铜鱼、鳊、鳜、草鱼和赤眼鳟	9.3
洪湖江段	28	铜鱼、鲇、长吻鮠、鲤和草鱼	20.3
黄石江段	53	铜鱼、鲤、鲢、鳙和青鱼	21.0
长江下游江段	83	鲢、鳙、鲤、鲫、鳊和草鱼	—
河口段	142	中国花鲈、斑尾刺虾虎鱼、拉氏狼牙虾虎鱼、鲮和刀鲚	—

2.3.3　水体生物完整性评估

生物完整性评估主要针对整个生态系统，通过建立可靠的生物完整性指数（Index of Biotic Integrity，简称 IBI）对河流健康状况进行评估。IBI 评价法指当河流受到人类活动或者自然灾害的干扰后，生物的结构、功能和生境产生了一系列变化，该指数是通过对环境变化敏感的生物参数来对生态系统健康状况进行评价的一种方法。该方法主要从生物类群的组成、结构和功能等多方面来反映生态系统的健康状况，筛选并构建对环境干扰最敏感的生物参数是通过定量描述生物特性与非生物因子的关系来实现的。

20 世纪末，中国开始认识到传统的防洪、水资源开发等活动使河流的水文条件和地形地貌特征等发生了较大变化，河流的生态系统功能严重退化。此后，中国开始广泛借鉴欧美等国家先进的思想和理念，逐步在河流管理中注重对河流生态的保护和恢复。

与发达国家相比，中国城市河道整治理念和措施较为滞后，尤其是在城市河流生态修复方面仍处于起步和技术探索阶段，工作内容基本局限于水质改善和景观建设，传统的水源保护、生境修复、景观营造等的有机结合相对较为缺乏。

中国有关河流水质状况的研究目前仍以化学手段为主，利用河流生物进行监测的报道不多，可查阅到的有关生物完整性评估的文献记载仅有长江、四川火溪河、浙江西苕溪。随着可持续发展战略的实施，健康的河流生态系统必将成为河流管理的主要目标，因此很有必要迅速开展相关研究，建立一套适用于中国的河流生态系统健康理论及评价体系，对主要河流进行健康评价，同时对生态修复进行定量评估，为低碳型生态河流及流域管理提供基础数据和决策依据，以期实现社会、经济与环境的可持续发展。

2.3.4 资源衰退原因分析

目前，中国淡水生态系统受到多种因素的综合影响，致使天然渔业资源呈衰退趋势，其原因有：①水利开发。一方面阻断了洄游鱼类的通道，另一方面使流动水域变为静水水面，改变了水体形态，降低了河流生态系统的自净能力。②水质污染。部分河段常年或部分季节水质处于严重污染状态，对其内部的水生生物产生严重影响。③过度捕捞。是 21 世纪渔业资源衰退的主要原因之一。④外来种。将一些原本没有自然分布的鱼类引入，且该鱼类具有较强的生存适应能力，从而不断繁衍，形成一定的群体，影响了原有土著鱼类的种质资源。⑤气候变化。受全球气候变化等因素的影响，如黄河干流出现断流现象，致使一些河口性鱼类和溯河性鱼类不断减少，部分对环境变化敏感的鱼类生存区域萎缩。⑥其他人为影响。滥捕、滥放等人为因素的影响，严重破坏了生态平衡，从而导致种群结构和区系组成发生了相应的变化。

2.4 内陆水资源保护状况

2.4.1 水资源保护法律法规

随着中国经济社会持续快速发展，人类对水资源的需求不断扩大，人类活动对水生生态系统造成的压力也越来越大。为积极践行可持续发展治水思路，大力推进民生水利建设，加快推进资源节约型、环境友好型社会建设，中国先后出台《中华人民共和国水污染防治法》（1984 年）、《中华人民共和国水法》（1988 年）、《中华人民共和国环境保护法》（1989 年）、《取水许可制度实施办法》（1993 年）、《淮河流域水污染防治暂行条例》（1995 年）等众多法律法规，建立了一整套水资源管理体制。水资源管理体制是国家管理水资源的组织体系和权限划分的基本制度，是合理开发、利用、节约和保护水资源、防治水害、实现水资源可持续利用的制度保障。

2.4.2 水环境保护措施

基于生态文明建设的要求，建设资源节约型、环境友好型社会，走可持续发展道路成为当前中国经济社会发展的核心任务。回顾中国的渔业发展史，大水面"三网"养殖为中国的渔业生产作出了突出贡献，但同时也产生了水污染问题。随着中国生态文明建设的不断推进，大批水生生态修复工程接连开展。

生态修复是指在生态学原理指导下，以生物修复为基础，结合各种物理修复、化学修复以及工程技术措施，通过优化组合，使之达到最佳效果和最低成本的一种综合修复被污染环境的方法。中国自 2002 年起便启动了第一批水土保持生态修复试点工程，其后发展迅速。目前，河湖生态修复已成为生态保护最重要的工程之一。

此外，设立生态红线是中国的另一项环保措施。生态红线的实质是生态环境安全的底线，目的是建立最严格的生态保护制度，对生态功能保障、环境质量安全和自然资源利用等方面提出更高的监管要求，从而促进人口、资源、环境相均衡，经济效益、社会效益、生态效益相统一。

2014 年 1 月，环境保护部印发的《国家生态保护红线——生态功能基线划定技术指南（试行）》，成为中国首个生态保护红线划定的纲领性技术指导文件；1 年后，印发了《生态保护红线划定技术指南》进一步推进全国生态保护红线划定工作。2016 年 5 月，国家发展改革委等 9 部委联合印发《关于加强资源环境生态红线管控的指导意见》，指导红线划定工作，推动建立红线管控制度，加快建设生态文明。2019 年 8 月，生态环境部办公厅和自然资源部办公厅印发《关于印发〈生态保护红线勘界定标技术规程〉的通知》，要求全国于 2020 年底前全面完成生态保护红线勘界定标工作。这标志着生态保护红线调查划定工作正式启动，中国生态保护进入新时代。

2.4.3 水资源保护组织

水资源是经济发展的重要战略资源，也是人类赖以生存和发展的基本条件。目前，中国水资源管理中还存在一些问题，如部分地区经济发展布局与水资源配置格局不匹配、经济发展方式与水环境承载能力不协调等。

此外，中国近十年水生生物资源严重枯竭，尤其是长江流域珍稀濒危水生动物数量迅速减少，引发社会各界广泛关注。自 2004 年起，中国各地区、各组织相继创建了相关的水体保护联盟、水生生物保护联盟以及水环境保护的组织（表 2.10），旨在加强水资源管理与水生生物保护，致力于通过科学技术创新为中国乃至世界的水资源保护作出贡献。

表 2.10 水资源保护组织

序号	名称	成立时间	主旨
1	清水同盟	2004 年	致力于改进中国水领域的管理，保护水资源，减少污染、改进水质，保障国民健康，促进企业和公众参与，积极影响公共政策，与政府良性互动。
2	水资源协会	2005 年	旨在提高大众对水文化、水利法规、治水新理念等的认识，让"爱水、节水"理念深入人心，从而实现"人水和谐"。
3	中国野生动物保护协会水生野生动物保护分会	2007 年	旨在通过广泛宣传，组织动员全社会力量，拯救珍稀、濒危物种，保护生物多样性，增强全民环保意识，创造人类与自然和谐相处的美好未来。
4	国家长江珍稀鱼类产业技术创新战略联盟	2014 年	围绕中国长江珍稀鱼类产业健康可持续发展需求，以长江珍稀鱼类品种为单元，重点开展产业共性技术和关键技术研究和示范，着力提升中国珍稀鱼类产业核心竞争力。
5	地下水污染防控与修复产业联盟	2016 年	提升国家地下水系统管理和科学决策的能力。
6	中华鲟保护救助联盟	2016 年	对中华鲟进行"全生活史"保护。
7	长江江豚拯救联盟	2017 年	推动新建立 5 个长江江豚自然迁地保护区，建立种群交流机制，保护长江江豚。
8	黄河水生生物保护与生态修复科技创新联盟	2020 年	着力突破黄河流域水生生物保护与水域生态修复中面临的重大科学问题和共性关键技术难题，努力打造黄河流域人与自然和谐共生的新格局。

2.4.4 主要水体管理及利用历程

中国对水资源的保护力度逐步加大，主要内陆水体野生渔业资源的利用已受到严格监管，有些地区甚至禁止利用。以太湖为例，作为中国五大淡水湖泊之一，太湖拥有 320 多万亩水面，渔业资源丰富。江苏省太湖渔业生产管理委员会及其渔政监督管理站自 1946 年成立以来，始终坚持"取之于渔、用之于渔"的原则，走自力更生增殖与保护渔业资源相结合的道路。太湖渔业得到迅速发展，渔业产量逐年提高，沿湖渔民收入不断增加。1984 年起，太湖开始实施半年封湖休渔制度，既降低了渔业捕捞的生产成本，又提高了渔获物的质量和产量，经济效益也得到大幅提高，深得沿湖渔民的拥护。2003年，经江苏省人民政府和浙江省人民政府批准，太湖封湖休渔期由半年延长到 7 个月。

　　太湖流域已经成为中国经济社会最为发达的地区之一。然而，工业化、城市化的快速发展也使得太湖富营养化程度日趋严重。2007 年，太湖蓝藻大规模爆发并导致饮用水危机，使人们认识到保护太湖水环境的重要性。此后，太湖渔业管理委员会办公室先后实施了大规模鲢鳙增殖放流、小型鱼类调控、底栖生物增殖等多项措施，致力于太湖水质保护。自 2007 年起，太湖划定了 3 个国家级水产种质资源保护区，共计 40 万亩。2020 年 10 月 1 日，江苏省农业农村厅发布公告，收回太湖渔业生产者捕捞权，撤回捕捞许可，相关证书予以注销，以推进长江十年禁渔计划，禁止对天然渔业资源的生产性捕捞。2020 年，太湖渔民全面退捕，这对于太湖渔业资源保护意义重大。

3 中国内陆渔业概况

3.1 内陆渔业发展史

3.1.1 中国内陆捕捞渔业的历史年表

中国地处亚洲温带和亚热带地区，南北及东西跨度大，是世界上最具有地理和气候多样性的国家之一，自古便有江、河、湖、池塘、塘堰、水库等多样而又辽阔的内陆水域，面积可达 27 万千米^2。丰富的自然水域资源，为水生生物的繁衍生息和内陆捕捞的蓬勃发展提供了肥沃的土壤。自古以来，渔业捕捞就成为人们谋生的一项重要手段。不断发展的渔业捕捞与作物种植一样，成为国家农业系统日益兴盛过程中重要的一环（李士豪等，2018）。

在漫长的历史长河中，中国内陆捕捞业历经了原始社会、奴隶社会、封建社会、近代、现代等不同阶段（表 3.1）。捕捞技术和生产水平随着时代的发展而不断提高（施鼎钧，1999）。

随着经济的发展以及从农业社会向城市和工业社会的转变，水域捕捞在中国社会经济中的作用不断改变。同时，随着社会发展重心的转移以及对水生生物资源的竞争，基于水资源和渔业资源的相关政策也已经发生变化。尽管水产品中水产养殖产量逐渐增大，但来自天然水域的优质水产品依然受到消费者追捧，内陆捕捞渔业依旧是某些地区渔业发展的主要方式（卢炳根，2019）。

表 3.1 不同历史时期内陆捕捞发展的主要特征

时期	时间段	主要特征
新石器时代社会——内陆捕捞的雏形	公元前 2100 年之前	已使用各种渔具，包括鱼镖、渔网、鱼钩、鱼夹、用于捕鱼的弓、箭和渔叉以及渔船。
奴隶社会和封建社会——基于风力和人力的小规模捕捞	夏朝（约公元前 2070 年至公元前 1600 年）	使用制作精良的骨鱼镖、骨鱼钩和网坠等渔具。

（续）

时期	时间段	主要特征
奴隶社会和封建社会——基于风力和人力的小规模捕捞	商朝（约公元前1600年至公元前1046年）	捕捞区域主要分布在黄河中下游；主要捕获青鱼、草鱼、鲤、赤眼鳟、黄颡鱼和鲻等品种；出现中国最早的金属鱼钩。
	西周时期（公元前1046年至公元前771年）	捕鱼工具和方法更加多样化，如"罧"的捕鱼方法；实行禁渔期制度；渔具和捕鱼方法受到限制。
	春秋战国时期（公元前770年至公元前221年）	捕捞工具多样化，网具和鱼钩等得到改进，新的捕捞技术初现；同时，人们会根据习性对鱼类进行针对性捕捞，捕捞初具科学性；此段时期由于诸侯国之间交流频繁，渔业资源的利用和贸易也有所发展，渔业在一些地区成为重要的产业。
	秦朝（公元前221年至公元前206年）	秦始皇统一六国后，重视对山海池泽资源的管理，设少府"掌山海池泽之税"。内陆捕捞技术有所传承和发展，捕捞范围也可能随着人口的增加和活动范围的扩大而扩展。
	汉朝（公元前206年至公元220年）	据《汉书·地理志》记载，辽东、楚、巴、蜀、广汉等地是重要的渔业捕捞生产区域，市场上涌现出大量的商品鱼。捕捞技术随着早期捕鱼机械（可使用轮轴起放的捕鱼罾网）的发展而进步。
	三国时期、晋朝、南北朝、隋朝（220年至618年）	由于战争频发，黄河流域渔业产量大幅下降；长江流域捕捞业取得长足发展；出现叫"鸣根"的捕鱼方法；逐步加深对自然科学的认识，如鱼类的洄游等。
	唐朝（618年至907年）	捕捞区域主要集中在长江、珠江及其支流，出现了大量驯养兽禽捕鱼的记载（如鸬鹚、水獭等）。陆龟蒙的《渔具诗》，对长江下游的渔具和捕捞方法进行了全面的描述和分类。
	宋朝（960年至1279年）	淡水捕捞规模进一步扩大。据《懒真子》载，冬季水位下降时，数百艘渔船来到鄱阳湖，用竹竿搅水和敲鼓等方法将鱼赶入网中。长江中游出现空钩延绳钓，东北地区也有冰下冬捕的记录。
	明朝（1368年至1644年）	内陆渔业非常繁荣，部分原因是海禁政策的实施。长江中下游地区内陆捕捞十分活跃，明代后期该地区渔业税可达全国渔业税总额的70%左右。
	清朝（1616年至1911年）	渔业生产规模继续扩大。太湖上有多达六根桅杆的大型渔船。捕捞范围进一步扩大，包含多种土著经济鱼类，如鲑鳟鱼类（白鲑、哲罗鲑等）、云南抚仙湖的鱊浪白鱼等。

（续）

时期	时间段	主要特征
近代中国——内陆捕捞和管理的现代化尝试	1840 年至 1949 年	逐步从国外进口机动渔船，但内陆捕捞仍以传统的人力船和风力船为主；尝试实现捕捞现代化，包括创建捕捞企业及负责渔业事务的政府机构。
新中国——迅猛发展，从增产增收转向生态优先	1949 年至 1978 年	在集中领导和统一规划部署下，内陆捕捞产量稳步增长，但总体增速缓慢（图 3.4）。
	1978 年至 2012 年	得益于法律法规及政策的建立健全，内陆捕捞产量大幅增长（图 3.4）。1986 年，《中华人民共和国渔业法》的颁布标志着中国渔业管理体制的形成，此后陆续出台了许多与渔业捕捞有关的法律法规。
	2012 年至今	内陆渔业的快速扩张对生态环境造成日益加剧的压力，引发广泛关注。2012 年，党的十八大要求将生态文明建设摆在压倒性位置，统筹推进生态环境保护与经济高质量发展，其中涉及内陆捕捞业。2019 年 12 月 27 日农业农村部发布"长江十年禁渔计划"，规定自 2020 年 1 月 1 日零时起，长江上游珍稀特有鱼类国家级自然保护区等 332 个自然保护区和水产种质资源保护区全面禁止生产性捕捞；2021 年 1 月，禁令范围扩大至长江干流和重要支流除水生生物自然保护区和水产种质资源保护区以外的天然水域。

3.1.1.1　新石器时代社会

北京周口店龙骨山的山顶洞穴出土的文物显示，北京人的谋生手段，除了采集和狩猎外，还有在附近的池沼里采捕鱼类和贝类。据考古发掘，遗址内一块钻有小孔并涂有红色的草鱼上眶骨（长约 80 厘米）显示当时人类的生产活动已扩展至水域捕捞。

新石器时代中，尽管人们已熟练应用狩猎、采集、早期农耕和畜牧，但捕捞在满足生活需求方面占有重要地位。在一些自然条件有利的地区，捕捞工具的更新和发展推动了鱼类捕捞的专业化。考古资料表明，新石器时代已经出现了多种渔具并被使用，包括：

鱼镖：该渔具出现于 7 500 年前，早期鱼镖用动物长骨磨制而成，两侧各有几个倒钩，之后则发展成多种形式，有的将镖头直接捆绑在镖杆头上；有的用绳子一端系在镖头铤部，另一端系在镖杆头上，成为带索鱼镖等。

渔网：有关渔网在历史上产生的年代，尚在进一步考证中，但至迟在6 000 年前的半坡文化时期（黄河流域一处典型的新石器时代仰韶文化母系氏族聚落遗址，距今 5 600～6 700 年）就已开始使用，在半坡出土的陶器上，绘有方形、圆锥形渔网，在各地新石器时期的遗址中，出土有大量石质和陶质的网坠，说明渔网在原始社会是一种被广泛使用的渔具。

鱼钩：该渔具最早出现于半坡时期，早期鱼钩都用骨、牙料磨制而成，分为有倒刺和无倒刺两类。

鱼笱：该渔具在 4 600 年前就被浙江吴兴钱山漾遗址的先民使用。它是用竹篾或荆条编织而成，呈圆锥形，开口处装有倒须式漏斗，置于鱼类洄游通道上，鱼能进而不能出。这种设计至今仍在亚洲各地被使用。

3.1.1.2 奴隶社会和封建社会

中国古代的捕捞渔业（公元前 2100 年至公元 1840 年）是主要依靠风力和人力进行的小规模生产。随着生产技术不断创新，捕捞渔业在这一时期的发展分为两个阶段。

夏朝（约公元前 2070 年至前 1600 年）：这一时期中国处于奴隶社会，以农业为生产主体，渔业占一定比重。夏文化遗址出土的渔具包括制作较精良的骨鱼镖、骨鱼钩和网坠等，反映了当时的捕捞生产技术水平。

商朝（约公元前 1600 年至前 1046 年）：该时期内捕捞区域主要集中在黄河中下游地区。捕鱼工具有网具和钓具等，渔获物包含青鱼、草鱼、鲤、赤眼鳟、黄颡鱼和鲻等。殷墟出土甲骨文上，刻有象征双手拉网捕鱼的和象征用手持竿钓鱼的象形文字。1952 年，河南偃师二里头早商宫殿遗址出土了中国最早的金属鱼钩。

西周（公元前 1046 年至前 771 年）：渔业捕捞的重要发展时期，捕捞工具已趋多样化，主要有罛（古代一种大渔网）、九罭（一种带有囊袋以捕捞小鱼的网）、罜（一种小渔网）、罾（一种用木棍或竹竿做支架的方形渔网）、钓、笱（竹制的捕鱼器具，口小，鱼进去出不来）、罩、罶（一种捕鱼的竹篓子）等。此外，还创造了一种叫槮的渔法，即将柴木置于水中，诱鱼栖息其间，围而捕取，这成为后世人工鱼礁的雏形。为了保护鱼类资源，西周时期还规定了禁渔期。一年之中，春、秋、冬三季为开渔期，夏季为鱼类繁殖期，禁止捕捞。同时，对渔具和捕捞方法也进行了规范，禁止投毒及使用密眼网。

春秋战国时期（公元前 770 年至前 221 年）：捕捞工具日益丰富，网具、鱼钩等不断改进，新的捕捞技术也开始崭露头角。同时，人们依据鱼类的习性，开展季节性或周期性捕捞，捕捞活动逐渐具备了一定的科学性。在这一时期，由于诸侯国之间交流频繁，渔业资源的利用与贸易也得到了相应发展，一些地区的渔业甚至成为重要的经济支柱产业。

秦朝（公元前 221 年至前 206 年）：秦始皇统一六国，建立了中国历史上第一个统一的多民族封建国家。统一六国后，秦始皇高度重视对山海池泽资源的管理，特设少府一职，专门"掌山海池泽之税"。在捕捞领域，得益于统一带来的稳定局势，内陆捕捞技术得以传承并不断发展，捕捞范围也随着人口的增加以及活动范围的扩大而逐步拓展。

汉朝（公元前206年至公元220年）：主要包括西汉和东汉时期，这段时期内陆捕捞渔业的产量更高。据《汉书·地理志》记载，辽东、楚、巴、蜀、广汉皆为重要的渔业捕捞生产区域，市场上涌现出大量的商品鱼。随着捕捞技术的更新换代，出现了早期的渔业机械——一种可使用轮轴起放的捕鱼罾网。

三国时期、晋朝、南北朝至隋朝（220年至618年）：在近400年的时间里，黄河流域历经了频繁而残酷的战乱，捕捞产量呈断崖式下降。然而，同一时期内长江流域的捕捞业却取得了长足发展。郭璞的《江赋》描述了长江捕捞业的盛况，随着捕捞技术的进一步发展，一种叫"鸣根"的声诱渔法应运而生。同时，对自然科学的认知也逐步深化，如对鱼类的洄游规律有了一定认识："鳗鲔顺时而往还。"

唐朝（618年至907年）：渔业捕捞生产主要集中在长江、珠江及其支流。除承袭前代的渔具和捕鱼方法外，还出现了大量驯养兽禽并用来捕鱼的记载。766年至768年，四川省奉节县（今重庆市奉节县）居民普遍豢养鸬鹚捕鱼（苏永霞，2010）。7世纪末，四川省达县（今达州市）出现水獭捕鱼。唐末，诗人陆龟蒙将长江下游的渔具和使用方法作了综合描述，分门别类，并写下了著名的《渔具诗》。

宋朝（960年至1279年）：淡水捕鱼规模进一步扩大。《懒真子》载，江西鄱阳湖冬季水位下降时，渔民集中几百艘渔船，用竹竿搅水和敲鼓的方法，驱赶鱼类入网，在长江中游，出现空钩延绳钓等捕鱼方式。此时位于中国东北的辽河，已有冬季冰下捕鱼的记载。

明朝（1368年至1644年）：由于海禁政策，海洋捕捞受到一定影响，因此，内陆捕捞业十分繁荣，尤其是长江中下游地区的渔业经济十分发达。至明代后期，如万历年间，长江中下游地区年渔获量占全国总量的70%左右。

清朝（1616年至1911年）：这一时期，内陆捕捞使用的渔具基本相同，捕捞规模继续扩大，如太湖渔船多至六桅，并开始扩展捕捞范围，包括一些土著经济鱼类，如乌苏里江的鲑鳟鱼类（白鲑、哲罗鲑等）、云南抚仙湖的鱇浪白鱼等。至1840年，中国已过渡到新兴的工业社会。

3.1.1.3 近代社会

奴隶社会和封建社会的捕捞业虽有长足发展，各个时期也各有特色，但在长达数千年的农业社会，始终还是以各种人力和简单机械为主要生产工具。进入近代社会（1840年至1949年）以来，工业革命时期出现的动力机械逐步应用于渔业捕捞，向工业化迈进的同时逐渐形成了一门新的应用科学——水产学。清末，一些思想开放的知识分子开始引进这些新技术、新知识，使得中国的渔业从传统的手工生产方式向机械化转变。中国的机动渔业始于海洋，逐步扩展至内陆水域，捕捞方式也发生了变化。然而，由于战乱及整体上生产力仍较为落后等因素，这一时期淡水捕捞业整体上并未实现机械化的实质性变化。捕捞船整体上仍以传统木质人力、风力船舶为主，全国民营及官办企业掌握的海洋及内陆机动渔船总共不过数百艘（内陆机动渔船极少），且基本为国外引进。渔业科教及其法律法规的制定等方面相对落后、发展缓慢。

3.1.1.4 现代社会

新中国成立至今（1949年至今），是中国渔业现代化时期，包含新中国成立、改革开放、党的十八大等几个关键历史节点。

新中国成立到改革开放这段时期，是中国对现代捕捞方式的初步探索时期。这一时期中国的淡水捕捞业从较为原始的生产方式向现代生产方式逐步转变，捕捞量稳步增长，但整体增速较慢。从改革开放到党的十八大召开，淡水捕捞业发展迅速，对于自然水体的开发愈发深入，捕捞产量及养殖产量均急剧增长，随之而来的是部分环境及资源问题（葛相安等，2009）。党的十八大提出生态文明建设后，内陆渔业政策发生重大变化（如禁渔措施、新的捕捞方式等），淡水捕捞开始寻求转型升级，捕捞产量开始缩减，从追求产量效益转向追求生态效益（周晓华等，2009）。

①科学合理规划。新中国成立后，百废待兴，新中国的渔业发展始终有着稳定的集中领导与统一规划，使得中国淡水捕捞业有了质的提升。1950年2月，第一届全国渔业会议在北京召开。会议确定了渔业生产先恢复后发展和集中领导、分散经营的方针，要求依据"公私兼顾、劳资两利、发展生产、繁荣经济"的原则，对恢复渔业生产作出部署。

②树立通过淡水捕捞和水产养殖增产增收必要性的认识。1956年5月，中华人民共和国水产部正式成立。1958年，毛泽东主席批示"三山六水一分田，渔业大有可为"。20世纪70年代末期，邓小平同志指出，发展渔业"有个方针问题""应该以养殖为主，把各种水面包括水塘都利用起来。"

③明确水生生态系统的稳定性与可持续性的重要性。2012年，党的十八大提出发展生态文明理念。2019年底，农业农村部发布长江十年禁渔计划，淡水捕捞产量逐步缩减，从追求产量效益转向追求生态效益，淡水捕捞逐步寻求转型升级，以期实现渔业高质量发展。

④与时俱进升级产业结构。党的十八大以来，按照习近平总书记"绿水青山就是金山银山"的理念，全国渔业践行创新、协调、绿色、开放、共享的发展理念，以"提质增效、减量增收、绿色发展、富裕渔民"为目标，提出了"生态优先、绿色发展"的方针。

⑤从增产转向提质增效。2016 年，农业部印发《农业部关于加快推进渔业转方式调结构的指导意见》，提出以新发展理念为引领，转变发展方式，加快供给侧结构性改革，将渔业发展重心由注重数量增长转到提高质量和效益上来，更加突出质量效益，更加突出生态民生，使传统渔业逐渐往质量效益型、资源养护型、生态健康型、绿色环保型渔业转型，开启了渔业全面转型升级的新征程。

⑥向生态渔业逐步迈进。2019 年 3 月，农业农村部成立大水面生态渔业领导小组，启动新一轮统计调查、重点区域调研、科技创新研究、专家论证等系列活动。据统计，截至 2018 年，中国面积在 5 000 亩以上的大型天然宜渔水体约 1 500 个，湖泊和水库宜渔面积约占全国淡水渔业面积的 52%，但产量仅占全国淡水渔业产量的 20% 左右，大水面增养殖在中国渔业中占有重要地位。随着传统"三网"养殖的逐步退出，以水环境承载能力为基础，三产融合发展的生态渔业逐渐成为内陆渔业发展的新方向。

⑦法律法规的建立与不断完善。1986 年 1 月，《中华人民共和国渔业法》审议通过，这是新中国成立以来制定的第一部渔业基本法，标志着中国进入了"依法治渔、依法兴渔"的历史时期。其后，分别于 2000 年 10 月、2004 年 8 月、2009 年 8 月、2013 年 12 月进行了修正。《中华人民共和国渔业法》施行以来，《中华人民共和国渔业法实施细则》《中华人民共和国渔港水域交通安全管理条例》《中华人民共和国渔业船舶检验条例》《水产资源繁殖保护条例》《中华人民共和国水生野生动物保护实施条例》等行政法规陆续出台，渔政执法的科学化、法治化程度不断提高。形成了以《中华人民共和国渔业法》为基础，以渔业资源管理、生产管理、水域生态管理、行政监督管理、渔船渔港管理等涉渔法律法规为补充的近千项渔业法律法规体系。

⑧执法队伍不断完善。中国坚持依法治渔、依法兴渔，建立了养殖水域滩涂确权发证、捕捞许可、渔业资源增殖与保护等一系列管理制度，并逐渐建立了一支强有力的执法队伍。20 世纪 50 年代中期以来，相关省份的渔政机构逐步建立。1958 年 4 月 3 日，水产部签发《中华人民共和国水产部关于我部机构调整情况的通知》，明确设立渔政司，设渔政处和资源保护处等四个处室，标志着"中国渔政"作为管理与执法机构正式建立。中国渔政执法有制度、有程序、有纪律、有监督、有规范的格局初步形成，渔政执法领域也由单一的渔业秩序和渔船管理执法，逐步向资源养护、水生野生动植物保护、渔业安全、水产健康养殖和质量安全等多领域、多方向转变（农业部，2006）。

3.1.2 内陆渔业文化史

中国淡水渔业产业文化类型丰富、源远流长，是一座可供深入挖掘的精神文化宝藏。中国淡水渔业产业文化逐步兴起，渔业新模式、新业态不断涌现，休闲渔业前景广阔，绿色渔业发展迅速，未来以渔文化为核心竞争力的产业定会不断涌现，对文化资源的开发利用将成为产业持续发展的力量来源。

3.1.2.1 水产遗传资源利用

距今 3 000 多年前的殷商时期，便已开始淡水鱼的捕捞及养殖。中唐以后，尤以青、草、鲢、鳙、鲮淡水养殖为主，其养殖的苗种基本依靠长江及珠江流域渔民捕捞获得。目前，中国已有 31 个遗传育种中心、26 个引育种中心、429 个水产原良种场和 3 个水产种质检测中心，仅 2022 年 7 月 14 日，农业农村部就公告了 26 个水产新品种，包括 9 个淡水品种。

3.1.2.2 饮食文化

淡水渔业加工涉及鲜活水产品的生产、保存和加工技术。历史上，渔获量有限，渔获物用干燥法和腌制法保存。随着水产加工业的发展，传统技术不断被现代加工技术所取代。

不论湖鲜、海鲜还是其加工产品，中国都拥有庞大的消费群体。鱼类菜肴，从古至今、从南至北都是中国人餐桌上必不可少的美味佳肴。

3.1.2.3 休闲渔业

休闲渔业是指利用各种形式的渔业资源（渔村、渔业生产资源、渔法渔具、水产品及其制品、渔业自然生物及人文资源等），通过资源优化配置，主动将渔业与休闲娱乐、观赏旅游、生态建设、文化传承、科学普及以及餐饮美食等有机结合，向社会提供满足人们休闲需求的产品和服务，实现一二三产业融合发展的一种渔业产业形态。通过资源优化配置，休闲渔业可以对各种形式的渔业资源加以利用，如别具一格的渔业景观、富有特色的渔村渔镇或历史悠久的渔港和码头等（宁波，2010）。

3.1.2.4 行为文化

在长期的生产生活实践中，为表达对自然的感激和敬畏，以及对丰收的喜悦和渴望（李勇，2009；刘金明，1988），中国渔民创造了丰富的节庆文化及诸多风俗习惯，成为淡水渔业行为文化的重要组成部分，如达里湖冬捕节、查干湖冰雪渔猎文化节等。这些渔业文化节把渔业生产、渔猎文化传承、休闲渔业等有机结合起来，为渔猎文化的传播作出了巨大贡献。这些渔业文化节具有重要的经济、文化、生态等价值。2006 年，贵州福泉市仙桥乡王卡杀鱼节被列入贵州省非物质文化遗产保护名录，该节日与古代的狩猎与捕捞息息相关。风俗习惯上，渔民不同于陆地上的农民，他们长期生活在水上，形成了极具特色的风俗文化，如福州疍民民俗文化，有自身的服饰、住所、礼仪、渔歌、禁忌和宗教信仰等独特的人文风俗习惯。这些是特定历史条件下的产物，也是中国渔业传统文化与习俗的重要组成部分。

3.1.2.5 精神文化

淡水渔业文化体现在文艺作品、日常生活、民风民俗等多个方面。如《鲤鱼百态（实用白描画稿）》指出，鲤在中国历来被广大人民喜爱，它是勤劳、善良、坚贞、吉祥的象征（施鼎钧，1983）。鲤和莲花象征着延续，鲤和牡丹象征着财富和繁荣，红色的锦鲤象征着吉祥。中国的渔业生产绵延不绝，生生不息，其中一个重要的支撑点在于渔业精神文化中蕴含的"可持续发展"理念。竭泽而渔是不可持续的产业发展方式，中国古代劳动人民很早就认识到了这一点，多地竖立的"禁渔碑"就是其重要体现。源自历史早期的鱼崇拜诞生的历史传说，以及与鱼相关的宗教信仰也是淡水渔业产业精神文化的重要组成部分。与渔业相关的宗教信仰中，影响范围最广、程度最深的是妈祖信仰。祈求妈祖保佑的渔民不仅广泛分布在沿海地区，甚至很多内陆水域地区，都能看到妈祖的庙宇和信徒。此外，佛教中也有其他与鱼相关的信仰。

中国的观赏鱼文化源远流长。自宋代开始，宫廷中便盛行观赏金鱼，金鱼饲养逐渐兴起。到了明代，金鱼养殖已较为普遍。随着人们审美的发展，多种多样的淡水鱼逐渐加入观赏鱼的行列，呈现出风格美、艺术美、精神美等不同的文化内涵。中国的淡水珍珠养殖技术始于 11 世纪的宋代，中国是世界上最早人工养殖淡水珍珠的国家。珍珠在中国有着深厚的文化底蕴，随着经济社会的发展和人民生活水平的提高，消费者对珍珠的认知度也不断提高。

3.1.2.6 渔业科教史

新中国成立至今，各地已建设了多座与渔业文化相关的博物馆，陈列和展示用于宣传本地渔业发展历史的资料，其中包含了水生生物标本、绘画、雕塑、摄影等艺术作品，渔具、船模等生产工具，以推广渔业史和渔业教育等。渔业文化信息的传播，可强化公众的生态环境保护意识，助推环境友好型渔业的发展。

3.1.3 生产政策的历史沿革

新中国成立以来，中国渔业持续健康发展，渔业经济在大农业中所占的比重由 1952 年的 1.3% 提高到 2020 年的 9.27%，是农业农村经济发展的重要组成部分。新中国渔业发展 70 多年来，渔业政策起到了重要的推动作用，水产品极大丰富，渔业产能全方位提升，渔业绿色发展成效显著，渔业科技贡献率逐渐提高。

渔业相关政策时刻影响着淡水渔业的发展，包括古代时期（尚未形成具有指导性的渔业政策）及现代渔业时期（新中国成立后渔业政策发展）。例如，渔业的发展一定程度上可以归功于明清时期的工作（孙功飞，2019）。

明清以前的民间养鱼记载不多，以《汉书·地理志》《齐民要术》为主，多处出现官方文件转述民间方法的记载，但对于淡水渔业的认知较为局限。至明清时期，中国淡水渔业的发展处于鼎盛时期，此时期出现大量地方（太湖地区、江西地区和浙西地区等）特色记载，当时民众对渔业认可程度高，但仍未形成具有指导性的渔业政策。

新中国成立之后，捕捞渔业政策逐步发展，可分为探索期、过渡期、改革开放时期等几个关键时期。

中国现代的休禁渔政策始于黄海、东海区域试行的伏季休渔（周井娟，2007）。伴随着国家发展的需要，休、禁渔政策大致经历了试点探索、全面深化到现代治理的阶段，具有实施路径从近海流域到内河流域、禁渔时间从短周期到长周期、禁渔区域从局部流域到全流域的演进特征（表3.2）。

表3.2 主要内陆流域禁渔时间

流域	时间	主要内容
长江	2002年	首次在长江实行系统性禁渔政策，禁渔范围为长江干流、部分一级支流和鄱阳湖区、洞庭湖区。葛洲坝以上水域禁渔时间为2月1日至4月30日，葛洲坝以下水域禁渔时间为4月1日至6月30日。
	2015年	禁渔区域覆盖了长江主要干支流和重要湖泊，包括了岷江、沱江、赤水河、嘉陵江、乌江、汉江等重要通江河流及淮河干流河段等，统一并扩大了上下游禁渔时间，为3月1日0时至6月30日24时。
	2020年	2020年1月1日0时起实施长江十年禁渔，长江干流和重要支流，全年禁止对天然渔业资源的生产性捕捞。
黄河	2018年	每年4月1日至6月30日，实施3个月全流域性禁渔期制度。
	2022年	黄河河源区及上游重点水域从2022年4月1日起至2025年12月31日实行全年禁渔，黄河宁夏段至入海口禁渔期延长一个月，即由4月1日至6月30日延长为4月1日至7月31日。
珠江	2011年	禁渔制度的实施范围包括干流、支流、通江湖泊、珠江三角洲河网及重要独立入海河流。禁渔时间为4月1日至6月1日。
	2017年	禁渔期调整为每年3月1日0时至6月30日24时。
钱塘江	2019年	钱塘江干流（含南北支源头）及所有主要支流，禁渔期为每年3月1日0时至6月30日24时。
松花江	2019年	松花江流域及所属支流、水库、湖泊、水泡等，禁渔期为5月16日12时至7月31日12时。
淮河	2018—2020年	淮河干支流，禁渔期为3月1日0时至6月30日24时。
海河	2019年	海河干支流全部水域，禁渔期为5月16日12时至7月31日12时。
辽河	2019年	辽河及大凌河、小凌河和洋河水系，禁渔期为5月16日12时至7月31日12时。

3.1.3.1 探索阶段（1980—2003 年）

伏季休渔政策始于黄海和东海，之后随着探索的不断推进及效果的实践检验，在东海、黄海、渤海、南海全面实施（王中媛，2008）。依据海洋伏季休渔的早期探索实践，内陆水域禁渔制度最先于 2002 年在长江流域试行，并在 2003 年正式实施，之后拓展到全国范围（邓景耀，2000）。

3.1.3.2 深化并扩展至内陆水域阶段（2003—2018 年）

随着中国生态文明建设的深入推进，特别是长江"共抓大保护、不搞大开发"的提出与实施，修复长江水环境、保护长江水生生物、提升长江生态安全指数被提升到前所未有的高度。2017 年农业部下发《农业部关于公布率先全面禁捕长江流域水生生物保护区名录的通告》，提出自 2018 年 1 月 1 日起率先在长江 332 个水生生物保护区（包括水生动植物自然保护区和水产种质资源保护区）逐步实行全面禁捕，这是对长江禁渔制度的全面升级和深化，在中国休禁渔政策变迁历程中具有标志性意义。中国内陆七大流域中长江、珠江、淮河和黄河流域已于 2018 年之前先后在国家层面建立了禁渔期制度。农业农村部发布《农业农村部关于实行海河、辽河、松花江和钱塘江等 4 个流域禁渔期制度的通告》，标志着中国七大重点流域在国家层面建立了禁渔期制度。

3.1.3.3 统筹联动的现代治理阶段（2018 年至今）

随着中国进入现代化建设的新发展阶段，未来中国将致力于打造人与自然和谐共生的现代化，这也就意味着中国休禁渔政策的重心将主要是逐步探索构建人鱼共生的现代治理政策体系，以真正实现渔业资源的可持续利用和发展。《中华人民共和国渔业法》《中华人民共和国长江保护法》等法律法规的建立健全和有效实施，休禁渔政策设计同绿色航运、流域生态补偿、健康消费等诸多政策的统筹联动，都为休、禁渔政策现代治理效能的提升提供了重要保障（陈廷贵等，2019；高虎城，2021）。

3.1.3.4 从近海流域逐步向内陆河流域扩展

季节性休渔制度是中国为保护海洋资源和环境而采取的一项管理措施，概述如下：

长江流域横跨中国内陆十多个省份，渔业资源丰富。但长期以来，由于环境污染、水库建设、过度捕捞等原因，渔业资源锐减。为恢复长江渔业资源，自 2002 年起，长江流域借鉴中国近海的季节性休渔制度，实行春季休渔，禁渔期为 3 个月。2003 年，经国务院同意，长江流域每年禁渔 3 个月。此后，赤水河、珠江、闽江、海南岛内河、海河、辽河、松花江、钱塘江等流域均实行禁渔期制度。

禁渔时间从短周期渐渐延长到长周期。最初中国禁渔制度的休渔期以 3 个月为主，但禁渔开始的时间有差异（潘澎等，2016）。根据《农业部关于实行长江禁渔期制度的通知》，长江分为两个江段，每个江段禁渔时间均为 3 个月，只是起始和结束时间有差异。为提升禁渔效果，根据 2015 年《农业部关于调整长江流域禁渔期制度的通告》，自 2016 年开始，长江流域禁渔期从每年 3 月 1 日 0 时至 6 月 30 日 24 时，禁渔期变为 4 个月。为有效改善水生态环境、推进生物多样性保护，2016 年《农业部关于赤水河流域全面禁渔的通告》明确在赤水河流域实施全面禁渔，率先实施全面禁渔 10 年。2019 年 1 月，农业农村部等公布《长江流域重点水域禁捕和建立补偿制度实施方案》，要求 2020 年底以前，长江干流和重要支流除保护区以外水域完成渔民退捕，暂定实行 10 年的常年禁捕。2020 年 1 月，农业农村部公布《长江十年禁渔计划》，长江开启十年禁渔（曹文轩，2022）。

禁渔范围从局部流域逐渐扩大到全流域。中国禁渔范围经历了从局部到全流域逐步拓展的发展历程，与海洋休渔一样，内陆水域禁渔制度的范围也在不断扩大。长江流域禁渔范围：自 2002 年起为云南德钦县以下至长江河口（南汇嘴与启东嘴连线以内）的长江干流，汉江、岷江、嘉陵江、乌江、赤水河等一级通江支流以及鄱阳湖区和洞庭湖区。自 2016 年起扩大至包括青海省曲麻莱县以下至长江河口（东经 122°）的长江干流江段；岷江、沱江、赤水河、嘉陵江、乌江、汉江等重要通江河流在甘肃省、陕西省、云南省、贵州省、四川省、重庆市、湖北省境内的干流江段；大渡河在青海省和四川省境内的干流河段；鄱阳湖、洞庭湖；淮河干流河段。同时，禁渔期变为 4 个月。2020 年开启长江十年禁渔，根据《国务院办公厅关于切实做好长江流域禁捕有关工作的通知》，禁渔范围包括：长江上游珍稀特有鱼类国家级自然保护区等 332 个自然保护区和水产种质资源保护区，长江干流和重要支流，大型通江湖泊，与长江干流、重要支流、大型通江湖泊连通的其他天然水域等重点水域。

3.1.4　长江全面禁渔

3.1.4.1　长江渔业资源和水生生物多样性的重要性

长江是世界上水生生物多样性最丰富的七大河流之一，也是中国第一大河，水系支流众多，流域面积广阔，水域面积约占全国淡水面积的 50%（曹文轩，2008）。长江是中华民族的母亲河，是中华文明的发祥地之一，养育了中国三分之一以上的人口。它横跨中国东、中、西部三大经济区，是至关重要的战略水源地、生态宝库和重要航道，对于维护国家生态安全、推动长江经济带绿色发展具有重要意义（曹文轩，2011）。

长江是中国淡水渔业的摇篮、鱼类基因的宝库及经济鱼类的原种基地。此外，长江鱼苗具有种质优良、生长快、抗病力强的特点。保护长江生态系统对于维护生物多样性和生态平衡、保障国家生态安全具有重要意义。据统计，长江流域分布的水生生物多达 4 300 余种,其中鱼类 400 余种,特有鱼类达 170 余种,拥有包括中华鲟、长江鲟、长江江豚等在内的 11 种国家重点保护的水生生物。

资料显示,1954 年长江流域天然资源捕捞量达 45 万吨,1956—1960 年捕捞量下降到 26 万吨,20 世纪 80 年代年均捕捞量在 20 万吨左右,2003 年前后年均捕捞量约为 10 万吨。20 世纪 60 年代初,长江上游地区主要经济鱼类约有 50 种,但到了 20 世纪 70 年代中期,数量缩减到 30 种左右。

长期以来受拦河筑坝、水域污染、过度捕捞、航道整治、长江航运、水利工程、挖砂采石等高强度活动的影响,长江水生生物的生存环境日趋恶化,生物多样性指数持续下降,珍稀特有物种资源全面衰退,经济鱼类资源量几近枯竭(刘龙腾等,2019)。其中,过度捕捞是最直接的原因。当前,长江流域水生生物中列入《中国濒危动物红皮书》的濒危鱼类物种达到了 92 种,列入《濒危野生动植物国际贸易公约》附录的物种已经接近 300 种(王洪铸,2019;徐路易,2019),白鳍豚、白鲟、鲥、鲸等长江特有鱼类已宣告"功能性灭绝",中华鲟、长江江豚等极度濒危,生物多样性和生物完整性指数持续下降,已陷入"无鱼"困境(刘飞等,2019)。

进入 20 世纪 90 年代,长江主要渔业品种进一步减少到 20 种左右,海-淡水洄游和江湖洄游性种类,已成为长江上游及主要支流的稀有品种。

为此,长江渔业资源管理委员会会同沿江各级渔政渔监管理机构,组织各方力量,对沿江地区的渔业经济状况、捕捞生产以及从事捕捞作业的人员状况进行了广泛而深入的调查和充分论证后,于 2001 年正式向农业部提出了实施长江春季禁渔的方案。在此严峻形势下,长江生态修复已刻不容缓,社会各界对长江流域实施全面禁渔的呼声日益高涨。

3.1.4.2 十年禁渔的意义

禁渔是有效缓解长江水生生物资源和生物多样性下降危机的重要举措。调查显示,"四大家鱼"通常生长四年才性成熟,只有连续禁渔十年后其种群数量才可能明显增加(Gulland,1997)。同时,长江中的长江江豚、中华鲟、白鲟等珍稀物种位于长江水域生物链的顶层,其数量的变动也反映了长江生态系统的健康状况。因此,为保护长江良好的生态环境,让鱼类资源更加丰富且可持续,长江十年禁渔政策势在必行。

中国淡水养殖产量巨大,早已超过天然捕捞产量,长江全面禁渔对淡水鱼供应影响不大,反而有利于淡水鱼资源的可持续利用,有利于长江流域渔业资源的标准统一化和市场规范化。

鱼类的种质在养殖过程中会退化,而野生鱼类则能起到丰富鱼类基因库的作用,因此保护野生鱼类至关重要。

十年禁渔将为大多数鱼类争取 2～3 个世代繁衍，以便缓解当下长江鱼少之困，为长江众多的生物提供一个生存繁衍的契机，也为长江江豚在内的许多珍稀物种的保护带来希望，从而实现长江流域生态系统状况的恢复。

3.1.4.3 相关立法

2017 年 11 月，农业部公布《农业部关于率先全面禁捕长江流域水生生物保护区名录的通告》，决定从 2018 年 1 月 1 日起在长江上游珍稀特有鱼类国家级自然保护区等 332 个水生生物保护区逐步施行全面禁捕。

2018 年 10 月，《国务院办公厅关于加强长江水生生物保护工作的意见》正式出台，这是中国在国家层面针对单一流域出台的第一个水生生物保护方面的文件。该文件指出，到 2020 年，长江流域重点水域实现常年禁捕。

2019 年 1 月 6 日，农业农村部等三部门联合发布《长江流域重点水域禁捕和建立补偿制度实施方案》，明确提出，今后长江水生生物保护区全面禁止生产性捕捞，长江干流和重要支流将实施十年禁捕，到期后再重新评估是否放开捕捞。农业农村部长江办发布通告（法令），自 2020 年 1 月 1 日起，长江上游 332 个自然保护区和水产种质资源保护区全面禁止生产性捕捞，在长江干流和重要支流除水生生物自然保护区和水产种质资源保护区以外的天然水域，实行暂定为期 10 年的常年禁捕，其间禁止对天然渔业资源进行生产性捕捞。对鄱阳湖、洞庭湖等大型通江湖泊除水生生物自然保护区和水产种质资源保护区以外的天然水域，由有关省级渔业主管部门划定禁捕范围，实行暂定为期 10 年的常年禁捕。

2020 年 6 月 26 日，农业农村部召开长江流域重点水域禁捕工作视频会议，部署长江禁捕工作。要求各地各部门要聚焦关键环节，明确任务，摸清底数，健全退捕渔民渔船台账，积极引导退捕渔民转产转业，要严格执法，有力有序推进长江禁捕工作。

2020 年 11 月 19 日，经国务院同意，农业农村部发布《农业农村部关于设立长江口禁捕管理区的通告》，将长江口禁捕范围由东经 122°向东海域扩展至东经 122°15′，并设立长江口禁捕管理区。

当前，中国相关部门针对进一步完善长江禁渔管理，已出台了"一揽子"政策方案，包括长江禁渔重点任务、长江水生生物保护管理、长江禁渔主体责任考核机制等。

然而，现有政策尚无法妥善解决所有问题，如长江十年禁渔结束后能否捕捞以及如何捕捞、长江涉水工程生态补偿的主体责任、长江生态旅游如何发展等。长江禁渔政策的进一步研究和完善，须与十年禁渔相结合，并根据不同时间点、不同实际情况，方可持续深入推进。

3.1.4.4 休渔的初步影响

实施禁渔制度意义重大，1995 年以来实施的休渔制度有力促进了渔业资源保护和科学管理（于会国等，2007）。首先，树立了保护生态环境和渔业资源的理念（庞洁等，2020）。其次，禁渔制度的实施，阶段性地降低了捕捞强度，有效保护了渔业资源，通过各管理部门的大力执法，禁渔期间渔业资源得到了很好的休养生息（林光纪，2005）；此外，禁渔期制度还提升了沿线各水域的渔业管理水平。

根据相关调查，自正式启动以来，长江十年禁捕严格执行不到 2 年，已经起到了显著效果，并凸显了禁渔制度对水生生物资源保护的意义：①长江特有鱼群的数量持续增加，一些珍贵鱼类也再次出现，如洞庭湖监测到过去 20 年内未记录到的鳍；②作为长江内的稀有物种，长江江豚频繁在多地出现，如在武汉江段，2021 年就观测到 4 次，且均以"组团"的形式出现，其中最大的种群达 12 头；③赤水河特有鱼类种数由 32 种上升至 37 种，资源量达到禁捕前的 1.95 倍；④青海湖零捕捞政策实施达 20 年之久，裸鲤资源增长 40 倍。

3.1.5 内陆捕捞增殖放流史

3.1.5.1 目的

近年来，随着渔业资源衰退加剧以及社会各界对渔业资源和环境保护意识的增强，水生生物资源养护日益受到重视，增殖放流活动在全国各地蓬勃开展。

增殖放流，是指采用人工方法向天然水域投放鱼、虾、贝、藻等水生生物的幼体（或成体或卵等）以增加种群数量，优化水域的渔业资源群落结构，从而达到增殖渔业资源、改善水域环境、保持生态平衡的目的（Tierenberg，1992）。

中国自 1950 年开始便开展各种类型的渔业资源增殖活动，已经取得了明显的社会、经济和生态效益。作为恢复渔业资源的一项重要措施，增殖放流具有重要意义。

增殖放流可以补充和恢复生物资源的群体规模。通过增殖放流，可以人工补充水生生物资源，改善其种群结构，同时生物多样性也得以维护。对部分濒危物种，通过增殖放流可增加其种群数量，产生有效的保护作用。以中华鲟为例，受江河阻隔等影响，中华鲟数量急剧下降，自 1984 年开始，每年向长江放流中华鲟 1 万尾以上，使其种群得以维持。

增殖放流可以改善水质和水域的生态环境。放流特定的滤食性品种，如某些鱼类、贝类，可滤食水中的藻类和浮游生物，通过这种作用可以净化和改善水质。此外，水生生物具有独特的碳汇作用，包括鱼类、贝类和藻类等，可吸收水体中的二氧化碳，将其分解后排入水体。

增殖放流可增加经济和社会效益：大规模放流水生经济物种，可提高渔民的捕捞收入，经济效益好，如中国对虾、梭子蟹、海蜇等，投入产出比很高，放流效果显著（唐议等，2007）。同时，增殖放流可产生积极的社会效益。通过开展增殖放流活动，社会影响得到扩大，使全社会关心水生生物资源问题及生态环境问题。目前，中国众多湖泊、水库等水域内，主要的捕捞品种为鲢、鳙等，基本均依靠人工增殖放流（刘恩生等，2007），部分土著鱼类种群数量的提升也依赖增殖放流。

整体而言，增殖放流是一项功在当代、利在千秋的高效生态渔业措施，其经济、生态和社会效益显著。

3.1.5.2　发展历程

初步探索期（1950—1978年）：20世纪50年代，新中国处于物资匮乏阶段，提高水产品产量、解决"吃鱼难"问题，是此阶段渔业发展的主要目标。1950年2月，第一届全国渔业会议在北京市召开，会议确定了渔业生产先恢复后发展和集中领导、分散经营的方针，对恢复渔业生产做出部署。同时，国务院和国家渔业主管部门颁布了相关渔业法规、通知和指示。1957年，水产部颁布《水产资源繁殖保护暂行条例（草案）》；1964年，国务院批转试行《水产资源繁殖保护条例（草案）》。在恢复和发展渔业生产的同时，开展以青、草、鲢、鳙四大家鱼为主的水生生物增殖放流活动，并推进相应的渔业资源调研工作。

以恢复渔业资源为目的（1980—2010年）：20世纪80年代以来，为了恢复天然水域渔业资源种群数量，中国首先在渤海湾开展了中国对虾增殖放流，随后在沿海、内陆水域都开展了一定规模的渔业资源增殖放流。1986年，《中华人民共和国渔业法》颁布，国家鼓励和支持相关部门采取措施增殖渔业资源；1990年，中国水产品总产量达到创纪录的1 237万吨，淡水捕捞产量超过200万吨，水产品有效供给大幅增加，"吃鱼难"问题已基本解决；2006年，国务院印发《中国水生生物资源养护行动纲要》，将水生生物增殖放流和海洋牧场建设作为养护水生生物资源的重要措施之一；2009年，《水生生物增殖放流管理规定》对增殖放流内容进行重新定义，鼓励社会资金支持水生生物资源养护和增殖放流事业，海峡两岸首次携手开展鱼苗增殖放流活动，这也是两岸首次在渔业资源保护方面开展的实质性合作。

以促进水生生物多样性为目的（2010年至今）：随着政府支持力度的加大，全国各地相继加大增殖放流力度。在恢复物种种群数量的同时，更注重放流水域的生物多样性，保障生态系统不受破坏。2010年，农业部印发《全国水生生物增殖放流总体规划（2011—2015年）》和《水生生物增殖放流技术规程》，制定2011—2015年全国水生生物增殖放流的指导思想、目标任务、适宜物种、适宜水域、区域布局和保障措施，促进中国水生生物增殖放流事业的科学、规范、有序发展。2022年3月，农业农村部发布《农业农村部关于做好"十四五"水生生物增殖放流工作的指导意见》，公布了120种淡水主要增殖经济物种名录。

3.1.5.3 初步效果

数据显示，2021年中国共举办各类水生生物增殖放流活动2 700余次，放流各类水生生物苗种达440.53亿单位。其中放流青鱼、草鱼等淡水水生生物苗种120.18亿单位，放流中华鲟等珍稀濒危水生生物0.73亿单位。

增殖放流的大力推进，促进了渔业种群资源恢复。以青海湖裸鲤为例，目前该物种资源蕴藏量已达10.04万吨，比实施增殖放流前增长了近39倍，增殖放流对资源恢复的贡献率达到25%。同时，增殖放流也改善了水域生态环境，基于捕捞产量估算，2005—2018年通过捕捞鲢鳙，太湖年输出氮0.94克/米^2、磷0.06克/米^2，在逐年有效补充渔业资源的同时减少了水体营养盐等方面，生态效益显著。此外，增殖放流有效增加了渔民收入和渔业总体效益，据2016—2018年于钱塘江流域开展的渔民捕捞问卷调查显示，渔获物的60%以上均为增殖放流的鲢鳙等资源。

总体而言，增殖放流是中国水生生物资源养护的重要举措，对于养护和合理利用水生生物资源、促进渔业可持续发展、维护国家生态安全具有重要意义。

3.1.5.4 "十四五"增殖放流规划

"十三五"期间，全国水生生物增殖放流工作持续深入开展，放流规模和社会影响不断扩大，其间累计放流各类水生生物1 900多亿尾，产生了良好的生态效益、经济效益和社会效益。在此基础上，《农业农村部关于做好"十四五"水生生物增殖放流工作的指导意见》（以下简称《"十四五"指导意见》）确定了"十四五"期间增殖放流的整体目标：到2025年，增殖放流水生生物数量保持在1 500亿尾左右，逐步构建"区域特色鲜明、目标定位清晰、布局科学合理、管理规范有序"的增殖放流苗种供应体系；确定一批社会放流平台，社会化放流活动得到规范引导；与增殖放流工作相匹配的技术支撑体系初步建立，增殖放流科技支撑能力不断增强；增殖放流成效进一步扩大，成为恢复渔业资源、保护珍贵濒危物种、改善生态环境、促进渔民增收的重要举措和关键抓手。

《"十四五"指导意见》对"十四五"增殖放流区域和物种进行了统筹规划：全国适宜放流水生物种286种（淡水品种120种），确定适宜增殖放流水域410片，严禁放流外来种、杂交种、选育种及其他不符合生态要求的水生生物。遵循"哪里来哪里放"原则，确保种质纯正，避免跨流域、跨海区放流导致生态风险。在增殖放流工作实施前，要认真开展增殖放流适宜性评价，在科学论证的基础上，确定增殖放流适宜水域、物种、规模、结构、时间和方式等。在进行增殖放流工作的同时，要做到加快体系建设，加强增殖放流支撑保障；规范监督管理，确保增殖放流工作成效；广泛宣传交流，扩大增殖放流社会影响；强化组织领导，确保增殖放流效果显现。

3.2 内陆渔业的特点和意义

在中国，由于敞水性自然水体和人工水体中大量存在增殖放流，故而无法严格区分淡水捕捞与水产养殖。这些增殖放流中，部分属于真正意义上的养殖渔业（统计中记录为水产养殖），而其他的则属于增殖捕捞的范畴。这种依托于增殖的渔业生产形式催生了大量国家资源的开发，包括可用于淡水渔业管理的基础设施和遗传资源。

3.2.1 内陆渔业发展类别

3.2.1.1 天然捕捞业

中国地形复杂多变，水体类型也复杂多样，包括江河、湖泊、水库等各类天然水域。目前尚无法准确测算各种水域类型的捕捞产量，但对于不同品种的淡水捕捞量则有较为精确的统计。

2020 年全国淡水捕捞产量共 145.75 万吨，比上年减少 20.84%。其中鱼类占绝对优势，达 110.89 万吨，其次为贝类与甲壳类，分别为 17.14 万吨与 16.18 万吨，其余品种捕捞量则较少。

内陆捕捞大多集中在天然江河和湖泊，这种生产方式一般除捕捞行为本身外无人工干预，即相应水域无人为放养水产品，产量完全依赖于生物种群的自然恢复能力。内陆捕捞业的从业者中，一部分是个体户，另一部分则隶属于各地组建的捕捞公司。

3.2.1.2 生态增殖捕捞业

新中国成立以来，大多数水库及部分湖泊更倾向于发展生态增殖渔业，通过人工增殖和科学捕捞的轮换，使渔业利用和生态保护协调发展，是目前大水面渔业发展的主要方向之一。

太湖是中国五大淡水湖之一，是长江流域的一个大型浅水湖泊（吴睿，2020）。水面面积 2 338 千米^2，平均水深约 1.9 米（李倩倩，2013）。太湖是中国重要的淡水渔业基地，渔业资源丰富。全面禁渔前，专业捕捞渔民达 3 400 余户，渔业生产船只 6 400 余艘。2018 年，太湖捕捞产量达 6.96 万吨，除湖鲚外，鲢鳙为主要捕捞品种（倪勇等，2005），而太湖鲢鳙基本依靠人工增殖来维持种群。随着长江十年禁渔，太湖也开启了渔业新一轮转型，其个体捕捞模式于 2020 年全面退出，逐步规划以生态保护及修复为目的的生态增殖型渔业。

千岛湖保水渔业模式,是中国大水面生态增殖型渔业发展的典范之一,其以鲢、鳙的增殖及捕捞为基础,建立了集"养殖、管护、捕捞、加工、销售、科研、烹饪、旅游、文创"于一体的动车组式全产业链品牌经营模式(宋权礼,2020),"十四五"规划鲢鳙捕捞产量已达 8 000 吨,直接产值逾 3 亿元,成为了 2021 年长江水生生物保护修复优秀案例,也指引着其他水域的大水面生态渔业走绿色发展之路。

3.2.1.3 休闲渔业

休闲渔业是中国渔业发展中的新型渔业产业形态,具有广阔的发展前景。资料显示,2019 年中国休闲渔业产值达 943.18 亿元,2020 年受疫情影响,产值下降了 17.2%,为 780.57 亿元。

中国休闲渔业可划分为旅游导向型休闲渔业、休闲垂钓及采集业、观赏鱼产业、钓具钓饵观赏鱼渔药及水族设备、其他等 5 种类型。其中,以旅游导向型休闲渔业和休闲垂钓及采集业为主,主要分布在淡水水域。

统计显示,目前休闲渔业经营主体达 11.02 万个,休闲渔业从业人员 68.29 万人,接待人数 2.20 亿人次,休闲渔业已成为推进渔业提质增效、渔村美丽繁荣、渔民就业增收的重要途径和手段。

近年来,国家和地方高度重视休闲渔业,陆续出台了一系列政策措施,促进休闲渔业健康发展。

2012 年农业部出台了《农业部关于促进休闲渔业持续健康发展的指导意见》,提出促进休闲渔业健康发展的指导思想、基本原则及重要举措。一些地方政府出台了休闲渔业发展规划和推进休闲渔业发展的政策意见,有的地方还出台了规范管理休闲渔船的办法。2014 年《中华人民共和国渔业法》的修订内容,充分考虑休闲渔业发展和监管的需要,推动将休闲渔业写入草案总则,将休闲渔业列为渔业五大产业之一,为休闲渔业发展提供法律依据。此外,农业农村部正积极推进《休闲渔业船舶管理规定》的制订工作,已完成初步文稿,正在根据各地意见进行修改。渔业船舶检验机构已经制定了渔业船舶检验规则。下一步将继续加大研究和协调力度,争取尽快出台休闲渔船管理制度和休闲渔船技术要求,切实满足休闲渔业发展的需要。

3.2.2 内陆捕捞渔业的主要特征

3.2.2.1 捕捞品种较为集中

如表 3.3 所示,2020 年中国淡水捕捞产量为 145.75 万吨,其中鱼类占绝对优势,达 110.89 万吨,占淡水捕捞总产量的 76.08%。其他类型包括贝类、甲壳类、藻类和其他淡水物种等,约占总数的 23.92%。

表 3.3　2020 年中国内陆淡水捕捞产量（按类型分）

淡水捕捞类型	产量（吨）	占比（%）
鱼	1 108 901	76.08
贝类	171 361	11.76
甲壳类	161 831	11.1
其他淡水物种	15 171	1.04
藻类	239	0.02
总计	1 457 503	100

3.2.2.2　捕捞区域不平衡

2020 年中国淡水捕捞产量排名前 10 的省份共生产 118.44 万吨（表 3.4），占总产量的 81.26%。全国 31 个省级行政区中，淡水捕捞产量超过 10 万吨的仅有江苏、浙江、安徽、河南 4 个省份，除河南外，其余均位于长江中下游地区。

表 3.4　2020 年中国淡水捕捞产量前十的省份

序号	省份	产量（吨）	序号	省份	产量（吨）
1	江苏	259 400	6	山东	95 600
2	浙江	169 800	7	广西	87 700
3	安徽	144 000	8	湖北	75 300
4	河南	111 500	9	江西	72 200
5	广东	98 700	10	福建	70 200

资料来源：《2021 年中国渔业统计年鉴》。

3.2.2.3　捕捞产量逐年下降

中国渔业统计年鉴数据显示，2013—2020 年中国淡水捕捞产量呈下降趋势（图 3.4）。到 2020 年，中国淡水渔业产量下降至 145.75 万吨，同比下降 20.84%。随着淡水养殖产量的不断增加，近十年来淡水捕捞比重逐渐下降，目前稳定在 5% 以内。2020 年，淡水捕捞产量占淡水渔业总产量的 4.5%。

3.2.2.4　传统渔民逐渐减少

自 2016—2017 年实施日益严格的禁渔政策以来，捕捞从业人员的数量（尤其是传统渔民）在渔民总人数中的占比逐渐减少。

3.2.2.5　休闲渔业等内陆渔业新模式快速发展

近年来，休闲渔业快速发展，成为渔业产业融合发展和绿色高质量发展的重要抓手，对促进乡村振兴战略实施，带动农民、渔民就业增收，满足城乡居民对美好生活的向往具有重要意义。当前，疫情影响大幅降低，休闲渔业发展潜力巨大。

中国休闲渔业划分为旅游导向型休闲渔业、休闲垂钓及采集业、观赏鱼产业、钓具钓饵观赏鱼渔药及水族设备、其他等5种类型。其中旅游导向型休闲渔业、休闲垂钓及采集业为主导细分产业，2020年其产值分别为301.3亿元和257.27亿元，分别占休闲渔业总产值的38.60％和32.96％。旅游导向型休闲渔业、休闲垂钓及采集业、观赏鱼产业均以淡水为主，2020年其淡水产值依次为179.53亿元、210.32亿元、76.38亿元，占比分别为59.6％、81.8％、85.0％。

3.2.2.6 从最大限度地提高水产产量转向水生资源的多种可持续利用

近些年，基于湖泊、水库等大型水体的大水面生态渔业（淡水可持续渔业发展模式）发展迅速，成为优质水产品的重要来源，也是淡水渔业的重要组成部分。2019年，中国大水面增养殖面积占淡水养殖总面积的42.8％，产量占淡水养殖总产量的12.4％。新中国成立以来，不同历史时期中国大水面渔业有着不同的工作重点，先后经历了天然捕捞、养捕结合、以养为主和生态渔业等阶段。

中国渔业在不同的历史时期有着明显不同的目标。自21世纪初以来，大水面渔业便开始从集约化养殖向生态渔业转型，工作重点也由以"养鱼"为中心向以"养水"为中心转变，人放天养的不投饵生产方式除了提供优质水产品外，还有利于相关水域的生态修复与生物多样性的维持（孙林杰等，2008）。

国家重点研发计划"蓝色粮仓科技创新"重点专项"湖泊生态增养殖技术与模式"和"典型湖泊水域净水渔业模式示范"相继立项，农业财政专项支持的"长江专项""西北专项""东北专项"和"白洋淀专项"等渔业资源环境调查与修复工作扎实推进。其中，产生了一批梁子湖、博斯腾湖、三峡水库、查干湖、千岛湖等重点水域水环境和渔业资源协调发展的案例，建立了一系列生态和生境修复技术，并构建了不同类型湖库生态增殖模式。

3.2.3 内陆渔业发展效益

中国是一个具有悠久历史的农业大国。长期以来，人们习惯于把渔业看成是大农业的一部分，因此，对于它的社会方面，即对于渔业经济活动的研究，只是简单地归于农业经济范畴。随着社会生产力水平的不断提高和渔业生产专业化与社会化的发展，渔业内部的分工与协作关系也日益发展，中国成为世界上渔业生产发达的国家之一。渔业已成为中国国民经济不可或缺的重要组成部分，它作为重要的物质生产部门发挥着越来越重要的作用，在社会经济的各个方面都有重要的影响。

3.2.3.1 确保粮食供应

新中国坚持"以人为本"的发展理念，以"不断满足人民群众对物质文化生活的需求""把人民群众对美好生活的向往"作为奋斗目标。大多数 20 世纪 60 年代之前出生的中国人都经历过"吃粮难""吃鱼难"的问题。1982 年，中共中央、国务院对农牧渔业部《关于加速发展淡水渔业的报告》的批语中指出，当前，鱼是各种副食品中最紧缺的，必须在抓住粮食生产的同时，发展畜牧业和水产业，逐步而适度地改变居民的食物构成，希望各级党委和政府要像"重视耕地一样重视水面的利用"。

改革开放之初，国家对水产品实行统一定价、统一收购制度，淡水捕捞产量不高，甚至有所降低，1960 年淡水捕捞产量达 66.8 万吨，到 1978 年仅有不到 30 万吨。1979 年起逐步实行派购和议购相结合，开放水产集市贸易的"双轨制"，淡水捕捞产量持续增加。至 20 世纪 90 年代突破 100 万吨，21 世纪初达 200 万吨，如今接近 120 万吨。七十年来中国人口增长了 1 倍多，人均水产品消费量从不足 1 千克增长了 50 多倍。淡水捕捞提供了大量优质水产品，是人民幸福生活的重要源泉。2022 年习近平总书记在看望参加全国政协十三届五次会议的农业界、社会福利和社会保障界委员时，强调要树立大食物观，从更好满足人民美好生活需要出发，掌握人民群众食物结构变化趋势，在确保粮食供给的同时，保障肉类、蔬菜、水果、水产品等各类食物有效供给。可见淡水捕捞为保障中国农产品市场供给和食品安全、有效改善城乡居民营养膳食结构作出了重要贡献。

3.2.3.2 优化农业产业结构

中国人口众多，人均占有耕地面积却极少，且随着城市建设扩张、农村建设、能源开发和交通网的修建等因素，加之人口的增加，人均占有耕地面积还在继续下降（苏昕，2009）。

目前，中国有内陆水面将近 3 亿亩（包含天然的和人工改造的），总水面面积几乎相当于农作物的播种面积，这些水域是与耕地同样重要的国土资源。由于目前开发利用的还很少，所以如何合理而有效地开发这些既不与粮食争耕地，又不与畜牧争草原的辽阔水域以发展增殖、捕捞、养殖等渔业生产，对于调整中国产业结构有着重要作用。如规划和开发不宜耕种、放牧的低洼地、荒地和盐碱地等，以促进渔业生产（邓云锋等，2005）。

3.2.3.3 改善居民营养结构

鱼类等水产品营养丰富，是动物蛋白和微量元素的重要来源，如钙、维生素 A、铁等，同时也是一些脂肪酸的重要来源。这些营养成分，不仅是人类正常生长和发育的基础，而且对预防疾病也有一定作用。尽管中国水产品总产量位居世界第一，但人均水产品消费量仍处于较低水平。据统计，2019 年全球人均水产品消费量为 20.5 千克，而中国人均水产品消费量仅为 13.6 千克，还有很大的上升空间。

2022 年 4 月 26 日，中国营养学会发布《中国居民膳食指南（2022）》，明确强调了鱼类等水产品的重要性，提出了"东方健康膳食模式"，指出中国居民每周至少吃 2 次水产品，确保鱼类蛋白的摄入。这表明，中国人的膳食结构中，蛋白质摄入状况已有较大改善，但仍需增加鱼、虾等水产品的摄入量。2022 年，习近平总书记提出大粮食观，保障粮食供应多元化，丰富人民的营养结构，进一步体现了水产品的重要性。

3.2.3.4　提升渔业综合效益

经济效益：根据国家统计局年报数据中的渔业产值数据，2020 年淡水渔业的产值为 403.9 亿元。全国水产品总产量为 6 549 万吨，比上年增长 1.06%，其中渔业产量 1 325 万吨，同比减少 5.46%。

生态效益：当前，以水环境保护为导向的"鱼类放养—合理捕捞—食物网结构—功能调控"协调发展的千岛湖"保水渔业"模式，和以水体净化为目标的"净水生物放养—水体自净功能提升—生物多样性维护"协调发展的蠡湖"净水渔业"模式，成为中国湖泊生态渔业的典型模式与成功范例，取得了显著的生态、经济和社会效益。以浙江省为例，100 公顷以上的湖泊有 30 余个，水库近 3 500 座，其中大型水库 30 座，目前 90% 以上的湖泊和水库应用千岛湖"保水渔业"技术模式，年渔业直接经济产值逾 10 亿元的同时，对当地水域的生态健康也有显著的促进作用。而蠡湖的"净水渔业"模式也已推广到太湖、滆湖、阳明湖、庐山西海等多个水域，为当地环境保护和生态渔业的协调发展作出了积极贡献。生态渔业的发展除了对当地水域的生态健康有显著的促进作用外，对相关水域的水生生物多样性修复也有着重要意义。

社会效益：在千岛湖和查干湖等著名有机鱼产地的品牌辐射和带动下，全国鲢、鳙养殖年增效益明显提升，为促进全国水库（湖泊）渔业发展、库区渔民增收起到了积极的推动作用。同时，部分地区通过生态渔业与休闲渔业相结合，探索推进鱼文化创意产业。除生态渔业的文化与产业价值外，休闲渔业的发展对中国连续多年的劳动力过剩状况起到了积极缓解的作用，休闲垂钓业与观赏鱼行业的发展也提高了人民的幸福指数，深受大众喜爱。以观赏鱼行业中的金鱼为例，一对亲鱼一年能孵化几千至几万尾鱼苗。福州鼓山乡浦东场（今鼓山镇浦东社区）两兄弟合办的金鱼场，每亩年纯收入 1 万余元。浙江萧山市长河乡（今杭州市滨江区长河街道）18 户农民精心繁育的黑龙睛、鹤顶红、黄龙等几十个品种，空运至日本、美国和中国香港特别行政区等地展销，年纯收入达数百万美元。目前，上海以江阴路花鸟鱼虫市场为主体，带动周边地区形成了观赏鱼养殖场 300 多家，代理、零售和批发商 1 600 多家，水族器材、鱼药、鱼饵经销商 2 000 余家。随着人们生活水平的提高和观光旅游业的发展，这些地区内新兴行业的生机和活力日益凸显。此外，家庭大鱼缸中的观赏鱼也深受大众欢迎。

3.3 渔业产量报告系统和产量概述

3.3.1 渔业统计系统

渔业统计作为渔业信息工作的重要内容，为政府渔业管理决策提供基础数据，在正确分析渔业发展趋势、优化产业结构、渔业资源管理与保护等方面具有非常重要的意义和作用。渔业统计用来反映渔业生产的情况，因此，数据的真实性和准确性是这项工作的根本。中国渔业统计制度的法律依据主要是《中华人民共和国统计法》《中华人民共和国渔业法》和《渔业统计工作规定》，目前主要采用全面统计调查和抽样调查相结合的方式获得渔业基本数据。渔业生产数据从渔村或渔船所在的基层组织开始，通过由下至上的层层上报的方式，按照行政层级逐级汇总。同时，为适应市场经济的需要，主动与 FAO 等国际机构接轨，对渔业产量计算和渔业统计指标体系进行了部分调整。

中国的渔业统计制度本着"合理分工、共同协作、成果共享"的原则，将集中统计和分散统计两种不同类型的统计形式相结合，实行层层上报，由基层直接向渔业主管部门和统计局报送资料和数据。根据《渔业统计工作规定》，乡（镇）人民政府指定的统计机构或人员从基层单位取得第一手资料，经被调查基层单位确认后，逐级将渔业统计报表按月报表、半年报表、年报表上报至乡（镇）人民政府、县级以上渔业行政主管部门、省级渔业行政主管部门。省级渔业行政主管部门按照国家统计局批准实施的渔业统计报表制度，将报表以网络材料与纸质材料两种方式向农业部（现为农业农村部）报送。

各部门虽职能不同，但组织机构大体相似，国家的渔业统计调查由农业部渔业局综合处负责，各省份由渔业主管部门内的计划财务处负责；在县区层次上，渔业主管部门设渔业统计负责人，建立比较完善的渔业统计数据和资料库，计算渔业总产量和总产值，对渔业经济运行状况进行综合统计分析，但对外公布和引用的数据和资料以统计局的为主。在此基础上，还开展抽样调查、重点调查、专项调查、年终调查以及渔情采集、远程监测等，作为渔业上报数据的补充。

以全面调查为主的渔业统计调查方法存在诸多问题，不少学者提出了许多从制度、措施等方面改进渔业统计方法的建议。近年来，为了提高统计数据的可靠性，国家渔业管理部门组织构建了全国捕捞动态信息采集网络，以分层抽样技术为支撑，以独立调查信息源为基础，以抽样调查结果作为评估渔业状况的依据。在渔业统计工作中，根据分层抽样原理和方法，按照抽样精度的要求，合理确定每层样本量，对总体特征进行可靠推断。分层抽样调查能大大减轻工作量，节省调查成本，提高抽样调查精度（图3.1）。淡水捕捞渔业中，虽然作业渔船功率较小，但是作业渔船的数量庞大，统计指标和数据也非常复杂。

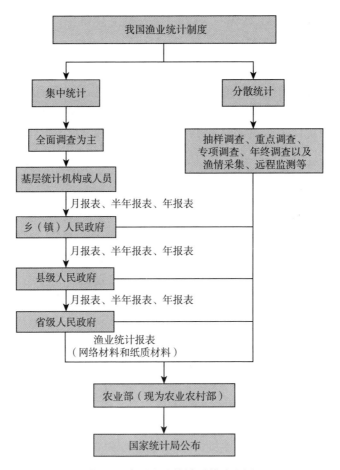

图3.1 中国渔业统计系统流程图
资料来源：《中华人民共和国统计法》《中华人民共和国渔业法》和《渔业统计工作规定》。

3.3.2 相关技术标准

开展渔业资源监测是捕捞渔业统计工作的基础。目前，中国已发布众多关于淡水水域渔业资源结构调查的国家标准、行业标准及相关调查文件、鱼类鉴定书籍等，表3.5所列为部分与渔业调查相关的技术资料。

据统计，自 2004 年以来，中国加强了对渔业标准体系的规划和建设，以水产品质量安全标准为重点，制定并发布实施了 350 余项国家标准和行业标准，现行渔业国标和行标数量达到 804 项。与此同时，全国各地以养殖为主的地方标准体系建设步伐加快，标准数量大幅度增加，已达 1 139 项，还有 280 余项地方标准正在制定中。

目前，中国以国家标准和行业标准为主体，地方标准和企业标准相衔接相配套的渔业标准体系已经形成，标准内容覆盖了渔业资源、环境、养殖、加工、渔船、渔机、渔具、工程等各个领域，为规范渔业生产、管理与贸易活动提供了重要技术保障。

同时，作为中国渔业发展基础的渔业标准化工作也取得了长足的进步。早在 20 世纪 70 年代初，中国就从渔船标准入手，相继建立了渔船、渔业机械、仪器、渔具及渔具材料、水产品加工、淡水养殖、海水养殖等专业标准化技术归口单位和相应的标准审查委员会，并在此基础上，于 1990 年组建了全国水产标准化技术委员会和全国渔船标准化技术委员会，之后又按专业成立了 7 个技术小组委员会和 1 个水生动物防疫标准化技术工作组。

表 3.5　鱼类资源调查的技术标准

类别	文件名称	颁布单位/作者	颁布时间
国家标准	《中华人民共和国水产行业标准——淡水渔业资源调查规范　河流》	中华人民共和国农业农村部	2019 年
行业标准	《内陆水域渔业自然资源调查手册》	张觉民、何志辉	1991 年
	《内陆鱼类多样性调查与评估技术规定》	中华人民共和国生态环境部	2021 年
	《内陆水域鱼类资源调查规范》	江苏省质量技术监督局	2013 年
	《黄河河南段鱼类资源声学调查技术规范》	河南省质量技术监督局	2018 年
规范性引用文件	《湖泊调查技术规程》	中国科学院南京地理与湖泊研究所	2015 年
	湖泊生态调查观测与分析	黄祥飞	2000 年
鱼类种类鉴定	《中国淡水鱼类检索》	朱松泉	1995 年
	《中国动物志》硬骨鱼纲，鲤形目（中卷）	陈宜瑜等	1995 年
	《中国动物志》硬骨鱼纲，鲤形目（下卷）	乐佩琦等	2000 年
	《鱼类分类学》	孟庆闻等	1995 年
	《江苏鱼类志》	倪勇、伍汉霖	2006 年

3.3.3　渔业生产

随着中国居民生活水平的日益提升、消费结构的持续改善，水产品在膳食结构中的比例不断增加，水产品需求的持续增长推动中国水产品总产量不断提升。国家统计局的统计结果显示，自新中国成立以来，中国淡水和海水产品产量保持着齐头并进、持续增长的发展态势（图3.2）。

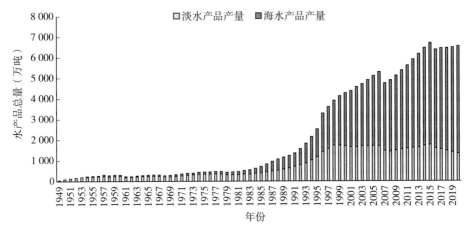

图3.2　全国鱼类总产量的年际变化

从水产品产量看，新中国成立初期（1949—1960年），中国捕捞产量逐步提升，而养殖产量寥寥无几。然而，在社会发展和人口数量不断增长的背景下，生态环境不断恶化，渔业资源逐渐减少，人民生活日益困难。因此，优化传统养殖观念及技术，树立现代化的科学养殖观念，重视利用多种新型技术手段，科学调控混养比例，提高单产是提升水产品总产量的重中之重。20世纪90年代以后，养殖产量和捕捞产量逐步呈现"一增一减"的现象（图3.3）。尤其是21世纪初至今，在"提质增效、减量增收、绿色发展、富裕渔民"的总目标下，渔业供给侧结构性改革不断深化，渔业高质量发展的措施陆续推进，中国渔业产业结构进一步优化。2020年，中国渔业养殖产量已增长至捕捞产量的3.94倍。

水产品是人们生活中重要的食物来源，在食物结构中占据着关键地位。中国拥有悠久的水产养殖和捕捞历史。

1949年，中国淡水渔业在《中国人民政治协商会议共同纲领》的指引下进入发展轨道，人民政府把组织农民及一切可以从事农业的劳动力以发展农业生产作为中心任务，当年淡水及海水捕捞总产量为44.8万吨。1950年以后，淡水捕捞产量和海洋捕捞产量分开统计，淡水捕捞产量缓慢提升，虽有波动，但基本维持在50万吨左右。1965年开始，淡水捕捞产量持续下降，产量基本维持在30万～40万吨。随着改革开放的深入，水产行业发展迅速，淡水水产品捕捞总产量不断上升，特别是20世纪90年代以后，淡水捕捞产量达100万吨以上，1999年以后，中国淡水捕捞产量稳定在200万吨左右，到2005年达

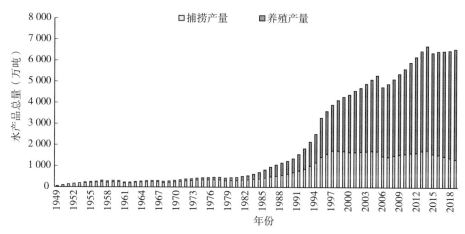

图 3.3 全国捕捞产量和养殖产量的年际变化

到内陆捕捞产量最高值（255.1 万吨）。

随着经济飞速发展，生态环境问题日益严峻，为保护水生生物资源，国家大力推行绿色发展理念，实施了"双控"制度、休渔制度、禁渔制度、水生生物保护行动以及建立水产种质资源保护区等发展生态渔业的相关政策措施，以确保水生生物资源的绿色可持续发展。

因此，自 2010 年以来，内陆捕捞产量逐渐下降，特别是 2016 年以来，随着各项禁渔政策的发布以及执法行动的加强，尤其是长江"十年禁渔"以及各大湖泊禁渔政策的实施，内陆捕捞产量急剧下降，从 2016 年的 200.3 万吨下降到 2020 年的 145.7 万吨，淡水捕捞渔业的产出管理效果明显（图 3.4）。今后，随着大水面生态保护意识的增强、禁渔政策的实施、执法力度的加大，内陆捕捞产量会进一步下降。

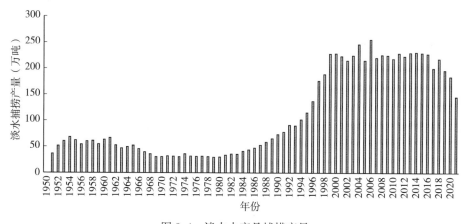

图 3.4 淡水水产品捕捞产量

3.3.4 主要淡水捕捞省份

江苏省、安徽省和浙江省均为中国主要淡水捕捞省份,1950 年后,三省的淡水捕捞产量变化情况如图 3.5 所示。

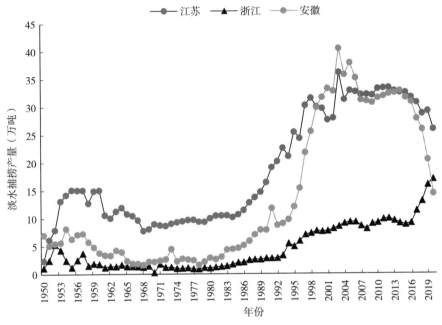

图 3.5 江苏省、浙江省、安徽省淡水水产品捕捞产量历年变化

其中,江苏省淡水捕捞产量长期处于较高水平。江苏省和安徽省淡水捕捞产量在新中国成立初期增长速度较快,20 世纪 60—90 年代,淡水捕捞产量增长缓慢,安徽省淡水捕捞产量在 20 世纪 90 年代之前均处于较低水平。20 世纪 90 年代以后,江苏省和安徽省淡水捕捞产量增长迅速,均在 2003 年达到峰值,江苏省产量为 36.14 万吨,安徽省为 40.46 万吨。21 世纪初,随着各种生态保护措施和禁渔政策的实施,尤其是 2015 年之后,随着长江"十年禁渔"和太湖"十年禁渔"措施的实施,两省的淡水捕捞产量出现明显且持续的下降。

浙江省淡水捕捞产量在新中国成立初期增长极不稳定,时高时低,1970 年下降到最低值 0.28 万吨,其淡水捕捞产量一直到 1993 年都维持在不超过 4 万吨的较低水平。1994 年之后,浙江省淡水捕捞产量增长缓慢,一直未突破 10 万吨。随着生态渔业的发展,2016 年之后,浙江省淡水捕捞产量明显提升。2020 年,产量已达到 16.98 万吨(表 3.6)。

表 3.6 主要捕捞省份 2019—2021 年内陆渔业捕捞产量统计（单位：吨）

排名	2019 年		2020 年		2021 年	
	省份	产量	省份	产量	省份	产量
1	江苏	292 062	江苏	259 359	江苏	177 968
2	安徽	205 079	浙江	169 795	浙江	156 282
3	江西	167 567	安徽	143 951	安徽	122 838
4	湖北	161 750	河南	111 465	河南	109 964
5	浙江	159 809	广东	98 682	山东	95 733
6	河南	112 255	山东	95 634	广东	89 067
7	广东	108 998	广西	87 677	广西	85 469
8	广西	91 050	湖北	75 272	福建	71 847
9	山东	89 290	江西	72 166	辽宁	36 979
10	湖南	80 905	福建	70 235	河北	35 065

3.3.5 渔业产值

据《中国渔业统计年鉴》显示，中华人民共和国成立后，渔业得到了前所未有的发展。经过 70 多年的发展，中国渔业产值已经从 1949 年的不到 6 亿元，猛增至 2020 年的 13 517.2 亿元，增长了 22 527.7 倍。从发展阶段看，前 40 年发展缓慢，总产值一直处于 100 亿元以下。从 20 世纪 90 年代往后的 30 多年，中国渔业生产能力显著提高，渔业资源发展迅速，水产品种类日益丰富，渔业产值迅速提升，分别于 2007 年突破 5 000 亿元、于 2013 年突破 1 万亿元，目前已超过 1.3 万亿元（图 3.6）。

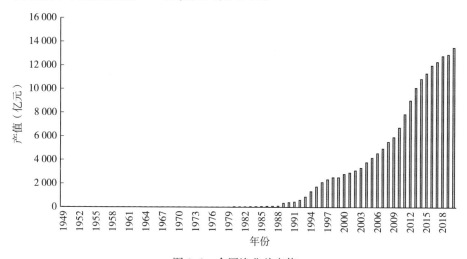

图 3.6 全国渔业总产值

55

2004 年起,《中国渔业统计年鉴》开始公布淡水捕捞水产品的产值数据。2005 年,中国淡水捕捞水产品产值已经超过 200 亿元,在 2018 年达到峰值 465.77 亿元(占比低于渔业总产值的 4%)。2018 年之后,随着禁渔区的逐步扩大和禁渔期的逐渐延长,中国淡水捕捞水产品产值出现了一定程度的下降(表 3.7)。

表 3.7　2019—2021 年前十大渔业省份内陆渔业产值(单位:万元)

| 序号 | 2019 年 | | 2020 年 | | 2021 年 | |
	省份	产值	省份	产值	省份	产值
1	江苏	761 292	江苏	1 558 391	江苏	1 340 995
2	安徽	646 402	安徽	487 274	安徽	393 653
3	江西	449 800	浙江	345 776	山东	203 002
4	浙江	326 015	江西	269 195	浙江	202 063
5	湖北	272 000	广东	175 784	广东	185 014
6	广东	176 524	山东	173 314	福建	160 260
7	山东	159 578	福建	148 171	黑龙江	126 137
8	福建	155 683	湖北	121 824	江西	114 705
9	黑龙江	125 335	黑龙江	109 222	河南	83 180
10	四川	121 526	广西	79 757	湖北	77 982

3.3.6　主要捕捞种类

如表 3.8 所示为中国淡水捕捞的主要渔获物种类。自 2003 年起,《中国渔业统计年鉴》按类别分开统计淡水捕捞渔获物(图 3.7)。

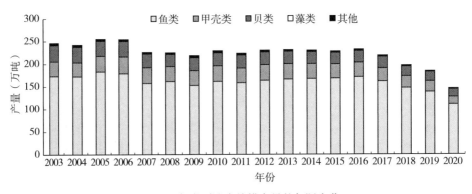

图 3.7　各类别淡水捕捞产量的年际变化

2016 年 1 月 5 日,习近平总书记在推动长江经济带发展座谈会上指出:

长江拥有独特的生态系统，是我国重要的生态宝库。当前和今后相当长一个时期，要把修复长江生态环境摆在压倒性位置，共抓大保护，不搞大开发。因此，自 2016 年起，各种禁渔政策逐步实施，2016—2020 年，除藻类外，淡水中各类别的捕捞产量持续下降。

表 3.8 中国淡水捕捞的主要渔获物种类

类别	种类	类别	种类
鱼类	鲢	鱼类	河鲈
	鳙		乌鳢
	草鱼		罗非鱼
	青鱼		日本鳗鲡
	鲤	甲壳类	罗氏沼虾
	鲫		日本沼虾
	鳊		克氏原螯虾
	泥鳅		凡纳滨对虾
	鲇		中华绒螯蟹
	长吻鮠	贝类	蚌类
	黄颡鱼		螺类
	暗纹东方鲀		蚬类
	黄鳝	其他	龟鳖类
	鳜		蛙类
	大银鱼		

根据《农业部办公厅关于做好 2015 年内陆捕捞渔业统计抽样调查试点工作的通知》要求，2016—2018 年连续三年对中国内陆捕捞产量进行抽样统计，对主要省份的渔业捕捞产品及品种进行了调查。其中江苏湖泊样本船数据显示（表 3.9），捕获的品种记录有 17 种，主要为湖鲚（52.02％）、鲫（10.88％），安徽湖泊样本船捕获的品种记录有 19 种，以湖鲚占绝对优势，其次为鲢、鳙等。

表 3.9 2016—2018 年江苏湖泊样本船各鱼类产量及占比（单位：斤＊、％）

品种	2016 年		2017 年		2018 年	
	产量	占比	产量	占比	产量	占比
湖鲚	44 801	52.02	57 980	44.66	42 733	33.98

＊ 1 斤＝500 克。——编者注

（续）

品种	2016 年		2017 年		2018 年	
	产量	占比	产量	占比	产量	占比
鲫	9 372	10.88	16 928	13.04	13 862.5	11.02
鳙	5 284	6.14	6 422.2	4.95	23 490	18.68
草鱼	5 018	5.83	6 988	5.38	7 267	5.78
杂鱼	4 260	4.95	3 141	2.42	5 859	4.66
秀丽白虾	4 088	4.75	10 805	8.32	8 857.9	7.04
鲢	3 939	4.57	6 615	5.10	12 353	9.82
银鱼	3 815	4.43	15 200	11.71	4 527.5	3.60
鲤	2 155	2.50	2 087	1.61	2 196	1.75
黄颡鱼	1 337	1.55	1 033.7	0.80	649	0.52
中华绒螯蟹	744	0.86	357.1	0.28	557.1	0.44
日本沼虾	681	0.79	831.9	0.64	1 344.1	1.07
鳊	354	0.41	763	0.59	555	0.44
青鱼	146	0.17	247	0.19	678	0.54
翘嘴鲌	87	0.10	401	0.31	663.2	0.53
鳜	25	0.03	2	0.00	182	0.14
乌鳢	12	0.01	6	0.00	0	0.00
鲞	0	0.00	1	0.00	0	0.00
克氏原螯虾	0	0.00	2.7	0.00	0	0.00

资料来源：《农业部办公厅关于做好 2015 年内陆捕捞渔业统计抽样调查试点工作的通知》。

3.3.7　内陆渔业统计制度的不足

当前，渔业发展进入新时代，对渔业统计工作提出了更高要求，做好渔业统计工作是实施乡村振兴战略、做好新时代"三农"工作、打赢打好"三大攻坚战"的坚实保障（岳冬冬等，2013）。按照新时代渔业发展的总体要求，亟须进一步加强渔业统计工作，以适应新时期深化统计管理体制改革和渔业转型升级、高质量绿色发展的要求。但渔业统计基础仍然相对薄弱，管理体系和工作制度有待进一步完善，工作水平和能力有待进一步提高。

3.3.7.1　基层统计人员工作量大

部分基层统计单位统计岗位落实不到位，统计人员多数身兼数职，且变动频繁、稳定性差。调查表明，大中型企事业单位统计工作相对比较规范，有专门的统计机构与专职的统计人员，而一些小型单位或组织，因基层工作人员较少，多数统计人员身兼数职，工作压力大，统计工作只是附带性工作，统计数据可能存在遗漏等情况。

同时，部分基层统计人员可能缺乏系统的学习培训，其思想观念、工作思路、推算过程中不同参数的选择等情况，均可能导致统计结果出现偏差。

另外，部分基层统计单位未建立规范的统计台账和统计制度，一些私营企业、个体工商户对统计工作不完全配合，填报的统计数据可能存在偏差。此外，基层开展统计工作所需的经费和保障条件不能完全得到保障。

3.3.7.2　统计指标需进一步细化

统计调查方法相对滞后，全面调查缺乏针对性，抽样调查又难以做到典型覆盖，在实际工作中均存在一定的局限性。对基层的统计抽样工作来说，基层统计人员难以保证每一次调查样本的随机性、代表性，进而可能影响调查样本数据的准确性，扩大抽样误差。

此外，现有的统计指标不够具体，如自然捕捞、增殖捕捞、休闲垂钓等均未分别统计，这就导致难以与其他国家进行平行比较。

3.3.7.3　信息系统建设有待进一步加强

当前，中国渔业统计信息系统运行体系网络尚不完善。尤其在渔船捕捞日志记录以及水产品交易市场相关数据资料的收集方面，难以从数据源头确保渔业统计数据与资料的完整性和准确性。为改善这一现状，应积极引入并充分利用物联网、大数据等先进技术。一方面，创新信息采集方式方法，拓展多元化的数据采集渠道。例如，借助物联网技术实现渔船捕捞作业数据的实时、精准采集，利用大数据分析挖掘水产品交易市场中的潜在信息。另一方面，加强与地方、中央渔业统计网络的互联互通，通过整合各级统计资源，在提升统计管理效率的同时，严格把控渔获量统计的准确性，为渔业资源的保护、管理与可持续利用筑牢数据基础。

鉴于此，需加快渔业统计信息网络的建设进程。具体而言，要强化渔业统计工作的规范化、标准化和科学化建设，逐步推动渔业信息收集、处理、应用及管理向网络化模式转变。这不仅有助于缩小我国渔业统计标准与国际标准的差距，还能显著提升渔业统计信息的整体水平。此外，还应同步推进渔业合作经济组织和水产品销售市场体系的建设。完善渔业家庭经济调查、水产品生产费用调查、水产品流通状况及价格统计调查等体系，通过全面、细致的调查工作，精准把握渔业经济的发展动态，确保渔业统计制度得以顺利、高效实施。

3.4　内陆捕捞产量统计分析

本节简要介绍了中国内陆捕捞渔业的部分概况，以使读者了解渔业的性质与状态、就业及参与情况、产量和价值类型以及面临的一些问题。

3.4.1 基于样点的内陆渔业调查

综合各省份的统计数据对于中国内陆渔业现状和特征等信息来说具有一定的局限性。此外,不同类型的水体之间也存在数据混淆的问题。对中国所有内陆水域进行全面普查是不可行的,但为了深入了解中国内陆渔业的发展趋势和存在的问题,本文所涉工作人员采用抽样方法对部分水域进行了内陆捕捞调查。

水生生态系统,尤其是水生生物,在维持自然物质循环和净化水域生态环境方面发挥着重要作用,是保障国家生态安全的重要基础。为加强对水生生物资源的保护,《中华人民共和国渔业法》明确要求渔业主管部门在重要渔业水域实行禁渔区和禁渔期制度。禁渔期制度是在鱼类集中产卵和繁殖的关键时期禁止捕捞作业的保护措施。自 2002 年以来,中国各个重点流域都建立了国家级的禁渔期制度。截至 2019 年 1 月,七大流域(长江、珠江、淮河、黄河、海河、辽河、松花江)和主要江河湖泊都实施了禁渔期制度。

从中国内陆捕捞的主要产区中,基于内陆渔业产量高、地域分布广、存在禁渔期制度等考虑因素,遴选出五大水域(白洋淀、南四湖、抚仙湖、淮河、钱塘江)实施内陆渔业抽样调查。这些水域均存在内陆渔业捕捞,且产量较高。

3.4.2 各样区捕捞产量调查

3.4.2.1 白洋淀

白洋淀隶属于河北省海河流域,也是大清河的南支,是保定和沧州交界处 143 个相互连通的湖泊的总称,总面积 366 千米^2,年均蓄水量 13.2 亿米^3,是河北省最大的湖泊,也是华北平原最大的湖泊。白洋淀水域广阔,水生动植物资源丰富,有 11 科 27 种鱼类,鲤形目最多,约占经济鱼类的 64%(赵春龙等,2007)。主要品种有鲤、鲫、草鱼、鲂、鲇、乌鳢等,且以青虾和河蟹等著名水产品而闻名。除捕捞外,白洋淀也是中国北方重要的淡水养殖基地。多年来,白洋淀除了重点放养鲢、鳙、草鱼和鲤外,还陆续增加了鳜、青鱼、黄鳝、鳊、鲌等品种的放养力度(表 3.10)。

根据禁渔期制度和渔民的实际生产状况,本调查中白洋淀样本船的捕捞期为 2021 年 3 月 1 日至 10 月 31 日。随机抽取 10 艘捕捞样本船,如图 3.8 所示分布在 10 个地点。其中 5 艘的捕捞渔具为多目刺网,分别位于北界、大麦淀、大鸭圈、金龙淀和前塘,另外 5 艘采用定置串联笼壶,分别位于东横、马道河、鲥鮍淀、西淀和小白洋淀。各样本船各月产量如表 3.11 和表 3.12 所示。

表 3.10 白洋淀主要经济鱼类

目/科/亚科/种	
鲤形目	鲇形目
鲤科	鲇科
鲤	鲇
鲫	鲈形目
鲂	鳢科
鳙	乌鳢
鲢	
草鱼	

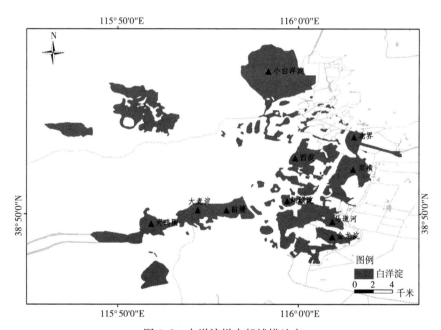

图 3.8 白洋淀样本船捕捞地点

表 3.11 2021 年白洋淀各区域样本船多目刺网产量统计（单位：千克）

月份	北界	大麦淀	大鸭圈	金龙淀	前塘	平均	总计
3 月	201.5	336	303	386.5	358.5	317.1	1 585.5
4 月	282.5	302	327	327.5	388.5	325.5	1 627.5
5 月	336.5	362.5	326.5	362.5	366	350.8	1 754
6 月	352.5	324	350.5	338	389.5	350.9	1 754.5

（续）

月份	北界	大麦淀	大鸭圈	金龙淀	前塘	平均	总计
7 月	375.5	296.5	332	311	368	336.6	1 683
8 月	381	319	241.5	372.5	327	328.2	1 641
9 月	323.5	302.5	198	287	260.5	274.3	1 371.5
10 月	224.5	313.5	195	199	216	229.6	1 148

表 3.12　2021 年白洋淀各区域样本船定置串联笼壶产量统计（单位：千克）

月份	东横	马道河	鲥鳇淀	西淀	小白洋淀	平均	总计
3 月	139	136.5	114.5	148.25	130	133.65	668.25
4 月	189.5	141.5	149.5	180.5	189	170	850
5 月	262.5	240.5	271	191.25	261	245.25	1 226.25
6 月	346.5	311.5	310.5	302.5	322.5	318.7	1 593.5
7 月	419	370.5	348.5	356	362	371.2	1 856
8 月	291.5	373	267.5	206	280.5	283.7	1 418.5
9 月	230	371.5	260.5	118.5	190	234.1	1 170.5
10 月	150	307.5	233	127.5	133.5	190.3	951.5

　　2021 年 3—10 月，白洋淀各区域多目刺网样本船的月平均捕捞量为229.6～350.9 千克，10 月最低，6 月最高；定置串联笼壶样本船的月平均捕捞量为 170～371.2 千克，4 月最低，7 月最高。

　　白洋淀不同捕捞方式的月平均渔获量变化趋势不同（图 3.9），多目刺网3—8 月变化较小，9—10 月迅速下降，总体渔获量高于定置串联笼壶；定置串

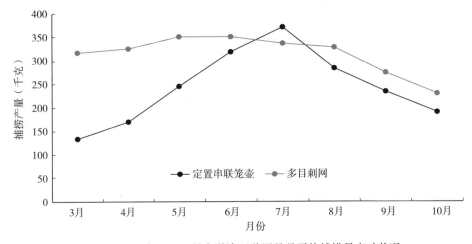

图 3.9　2021 年 3—10 月白洋淀两种网具月平均捕捞量变动状况

联笼壶 3—7 月渔获量迅速增加，7 月高于多目刺网，8—10 月呈迅速下降趋势，与多目刺网一致。

本调查所涉白洋淀样本船捕捞人员均为当地专业捕捞人员。白洋淀隶属于河北省，依据 2021 年中国渔业统计年鉴，河北省 2020 年渔业从业人口概况如表 3.13 所示。河北省 48 410 名内陆渔业从业人员中，共有专业从业人员 24 547 名，其中内陆捕捞专业人员 8 499 名。

表 3.13　2020 年河北省渔业人口与从业人员概况

	渔业乡 （个）	渔业村 （个）	渔业户 （户）	渔业从业人员 （名）	专业从业人员 （名）	女性 （名）	捕捞 （名）
总计	28	158	51 280	179 281	84 471	17 206	32 633
内陆	17	91	14 965	48 410	24 547	14 380	8 499

3.4.2.2　南四湖

南四湖是中国最大的淡水湖之一，位于山东省南部的微山县，是微山湖、昭阳湖、独山湖、南阳湖等四个相连湖泊的总称。整个湖泊面积 1 266 千米^2，年均蓄水量 47 亿米^3，是山东省最大的湖泊。该湖为浅水富营养化湖泊，自然资源丰富，鱼、虾等经济品种多（魏勋，2016），是山东省最重要的淡水渔业基地。自 2005 年山东省逐步实施渔业资源修复行动以来，南四湖持续实施增殖放流，取得了良好的经济、社会和生态效益。调查统计显示，2018 年南四湖主要放流渔获量约为 22 492.50 吨，2019 年约为 20 003.56 吨，2020 年约为 10 407.09 吨（简康，2022）。南四湖主要放流鱼种为鲢、鳙、草鱼、鲤和鲫（表 3.14）。

表 3.14　南四湖主要经济鱼类

目/科/亚科/种	
鲇形目	鲤形目
鲇科	鲤科
鲇	鲤
鲿科	鲫
黄颡鱼	红鳍原鲌
鲈形目	鳊
鳢科	
乌鳢	
鮨科	
鳜	

根据禁渔制度以及渔民实际生产状况，本调查中南四湖样本船的捕捞期为

2021年6月1日至2022年2月28日。随机抽取7艘捕捞样本船，如图3.10所示，分布在7个地点。其中4艘样本船的捕捞网具为多目刺网，分别位于东南部、韩庄马山塘外、南部和微山岛南；另外3艘采用定置串联笼壶，分别位于昌蒙村东南、后朱河口及姚村南。

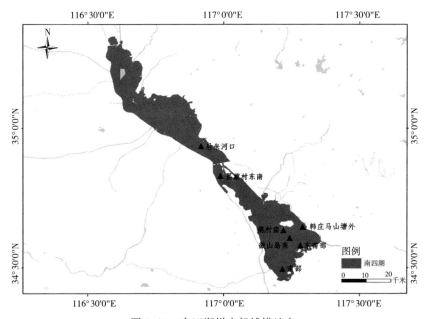

图3.10　南四湖样本船捕捞地点

2021年6月至2022年2月南四湖样本船捕捞产量见表3.15和表3.16。统计显示，2021年6月至2022年2月，南四湖各区域多目刺网样本船月均捕捞产量为205～560千克，2021年6月最低，2021年7月最高；定置串联笼壶样本船月均捕捞产量为104～173千克，2021年10月最低，2021年8月最高。

表3.15　2021—2022年南四湖各区域多目刺网产量统计（单位：千克）

年/月	东南部	韩庄马山塘外	南部	微山岛南	平均	总计
2021年6月	190	—	225	200	205	615
2021年7月	215	1 600	250	175	560	2 240
2021年8月	200	1 400	290	210	525	2 100
2021年9月	225	1 350	210	225	502.5	2 010
2021年10月	133.5	1 100	299.65	102.25	408.85	1 635.4
2021年11月	231	1 121	332.3	259.4	485.925	1 943.7

（续）

年/月	东南部	韩庄马山塘外	南部	微山岛南	平均	总计
2021 年 12 月	243.1	1 225	347.5	281.7	524.325	2 097.3
2022 年 1 月	247.6	1 322.5	293.85	260.4	531.087 5	2 124.35
2022 年 2 月	213.1	1 438.75	208.35	241.6	525.45	2 101.8

表 3.16 2021—2022 年南四湖各区域定置串联笼壶产量统计（单位：千克）

年/月	昌蒙存东南	后朱河口	姚村南	平均	总计
2021 年 6 月	147.5	—	122.5	135	270
2021 年 7 月	156	162.5	160.5	159.667	479
2021 年 8 月	162	183	174	173	519
2021 年 9 月	153	170.5	158	160.5	481.5
2021 年 10 月	71	176	65	104	312
2021 年 11 月	115.5	139	141.5	132	396
2021 年 12 月	131	146.5	133.5	137	411
2022 年 1 月	122	138.5	108.5	123	369
2022 年 2 月	106.5	143	109	119.5	358.5

南四湖两种网具月均捕捞量差别较大（图 3.11），多目刺网与定置串联笼壶在捕捞期内产量变化趋势相近，且较为稳定。总体而言，整个捕捞期内，除了 6 月产量相近以外，多目刺网的产量约为定置串联笼壶的 4 倍。

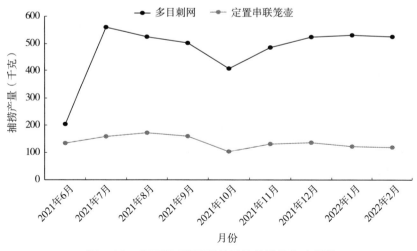

图 3.11 南四湖两种网具月平均捕捞量变动状况

本调查所涉南四湖样本船捕捞人员均为当地专业捕捞人员。南四湖隶属于山东省，依据 2021 年中国渔业统计年鉴，山东省 2020 年渔业从业人口概况如表 3.17 所示。山东省 356 608 名内陆渔业从业人员中，共有专业从业人员 233 057 名，其中内陆捕捞专业人员 63 206 名。

表 3.17 2020 年山东省渔业人口及从业人员概况

	渔业乡（个）	渔业村（个）	渔业户（户）	渔业从业人员（名）	专业从业人员（名）	女性（名）	捕捞（名）
总计	94	1 198	423 776	1 253 687	635 075	115 815	186 028
内陆	33	395	137 757	356 608	233 057	45 066	63 206

3.4.2.3 抚仙湖

抚仙湖位于云南省玉溪市澄江市、江川区、华宁县之间。它是中国蓄水量最大的湖泊、最大的高原深水湖、第二深的淡水湖泊。水域面积约为 216.6 千米^2，湖长约为 31.4 千米，湖面最宽处约为 11.8 千米。湖岸线总长约 100.8 千米，最大水深约 158.9 米，平均水深约 95.2 米，湖容量约 206.2 亿米^3。

目前，抚仙湖渔业捕捞以太湖新银鱼为主。20 世纪 80 年代初，抚仙湖的捕捞产量维持在 400～600 吨，以鱇浪白鱼为主，约占总产量的 80%，最高可达 500 吨以上。1989 年，太湖新银鱼产量首次超过鱇浪白鱼，取而代之成为抚仙湖的主要鱼类（李再云等，2003）。1990 年，抚仙湖水产品产量突破 1 000 吨大关，达到 1 500 多吨，其中太湖新银鱼产量 1 232 吨，鱇浪白鱼产量 282 吨。2000 年后，鱇浪白鱼年产量不足 1 吨，太湖新银鱼的产量保持在 1 600 吨左右。2009 年，太湖新银鱼产量为 1 740 吨，鱇浪白鱼产量为 1 吨左右。针对鱇浪白鱼，抚仙湖渔民采用了独特的捕捞方式，他们善于利用鱇浪白鱼在繁殖期集群、在沿湖的沟渠和洞穴中逆水产卵的习性来捕捞。而太湖新银鱼的捕捞则主要通过刺网进行。

根据禁渔期制度和渔民的实际生产状况，本调查中抚仙湖样本船的捕捞期为 2021 年 7 月 1 日至 2021 年 12 月 31 日。随机抽取 7 艘捕捞样本船，如图 3.12 所示分布在 7 个地点。现有法律法规要求，在抚仙湖中只允许捕捞太湖新银鱼，因此网具仅有一种——多目刺网。自 20 世纪 80 年代从太湖移植到抚仙湖以来，太湖新银鱼已形成稳定的规模，近年来在不增殖放流的情况下，其产量依然居高不下。

2021 年 7 月至 2021 年 12 月抚仙湖样本船捕捞产量见表 3.18。统计显示，抚仙湖各区域样本船月平均捕获量在 83～492.93 千克，其中 11 月捕获量最低，9 月捕获量最高。

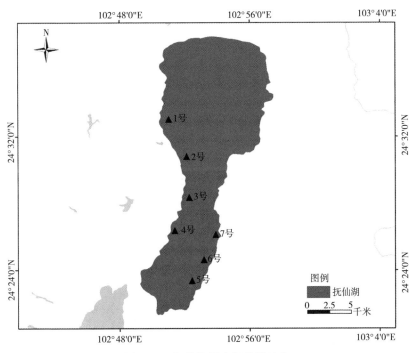

图 3.12 抚仙湖样本船捕捞地点

表 3.18 2021 年抚仙湖各地区多目刺网产量统计（单位：千克）

月份	1 号	2 号	3 号	4 号	5 号	6 号	7 号	平均	总计
7 月	148	67	—	—	311	299	5	166.00	830
8 月	49	229	153	90	324	529	—	229.00	1 374
9 月	579	348	399	397	505	1 201	21.5	492.93	3 450.5
10 月	270	122	193	162	269	195	43	179.14	1 254
11 月	171	50	88	67	—	—	39	83.00	415
12 月	86	81	109	105	—	—	223	120.80	604

抚仙湖样本船仅可捕捞太湖新银鱼，且仅用了多目刺网一种捕捞网具（图 3.13）。在整个捕捞期内，太湖新银鱼捕捞产量呈现出先增加后减少的趋势，在 9 月达到捕捞产量最大值，约为捕捞产量最低月份的 5 倍。

本调查所涉抚仙湖样本船的捕捞人员均为当地专业捕捞人员。抚仙湖隶属于云南省，依据 2021 年中国渔业统计年鉴，云南省 2020 年渔业从业人口概况如表 3.19 所示。云南省 224 849 名内陆渔业从业人员中，共有专业从业人员 83 282 名，其中内陆捕捞专业人员 14 700 名。

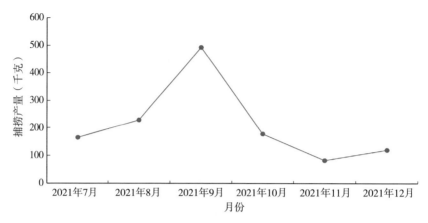

图 3.13　抚仙湖多目刺网月平均捕捞量变动状况

表 3.19　2020 年云南省渔业人口及从业人员概况

	渔业乡 （个）	渔业村 （个）	渔业户 （户）	渔业从业人员 （名）	专业从业人员 （名）	女性 （名）	捕捞 （名）
总计	0	0	61 954	224 849	83 282	14 753	14 700
内陆	0	0	61 954	224 849	83 282	14 753	14 700

3.4.2.4　淮河

作为中国的七大河流之一，淮河发源于河南省，干流自西向东流经湖北、河南、安徽和江苏四省，在扬州三江营入江（王松等，2009）。淮河干流总长度约为 1 000 千米，流域面积约为 27 万千米²。淮河安徽段属于淮河中游，长约 430 千米，流经阜阳、六安、淮南、蚌埠、滁州等地市。淮河安徽段的主要渔具包括拖网、刺网、定置网和围网等。2004—2006 年淮河流域安徽段鱼类资源调查显示（王松等，2007），共调查到鱼类 65 种，隶属于 8 目 17 科，种类数最多的是鲤形目（39 种），其次是鲈形目（12 种）。淮河主要经济鱼类如表 3.20 所示。

2008 年，淮南市在淮河开展了首次放流，此后每年都坚持增殖放流。在淮河放流的主要鱼种包括长吻鮠、黄颡鱼、鲢和鳙等。开展人工增殖放流活动，可有针对性地增加淮河传统名优鱼种的数量，扩大种群规模（娄巍立，2019）。

根据禁渔制度以及渔民实际生产状况，本调查中淮河样本船的捕捞时间为 2021 年 9 月 1 日至 2022 年 2 月 28 日。随机抽取 9 艘样本船，如图 3.14 所示，分布在 9 个地点。其中 6 艘样本船捕捞网具为多目刺网，分别位于 21 号标、淮南、涡河保护区外 3 个区域和下陶；另外 3 艘采用定置串联笼壶，分别位于鲁口段 3 个区域。

表 3.20　淮河主要经济鱼类

目/科/亚科/种	
鲤形目	鲇形目
鲤科	鲇科
鲤	鲇
鲫	鲿科
红鳍原鲌	黄颡鱼
达氏鲌	光泽黄颡鱼
蒙古鲌	鲈形目
翘嘴鲌	鳢科
鳊	乌鳢
鳙	鮨科
鲢	鳜
鲱形目	
鳀科	
刀鲚	

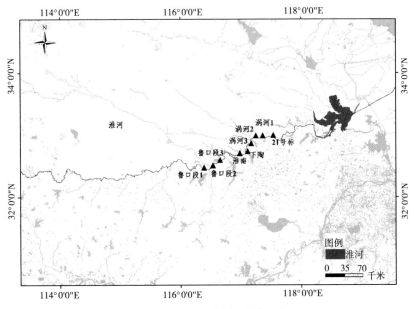

图 3.14　淮河样本船捕捞地点

2021 年 9 月至 2022 年 2 月淮河样本船捕捞产量见表 3.21 和表 3.22。统计显示，2021 年 9 月至 2022 年 2 月淮河各区域多目刺网样本船月均捕捞产量为 74.25～275.83 千克，2021 年 9 月最低，2021 年 12 月最高；2021 年 10 月至 2022 年 2 月淮河各区域定置串联笼壶样本船月均捕捞产量为 82～592.67 千克，2022 年 2 月最低，2021 年 12 月最高。

表 3.21 2021—2022 年淮河各区域多目刺网捕捞产量（单位：千克）

年/月	21 号标	淮南	涡河外 1	涡河外 2	涡河外 3	下陶	平均	总计
2021 年 9 月	88.5	—	—	—	—	60	74.25	148.5
2021 年 10 月	93.5	—	360	352	351	114	254.10	1 270.5
2021 年 11 月	83.5	359	356.5	443.5	340.5	59	273.67	1 642
2021 年 12 月	102.5	379.5	418.5	367.5	326	61	275.83	1 655
2022 年 1 月	104.5	274	395	358	323.5	109	260.67	1 564
2022 年 2 月	124.5	190.5	—	—	—	72	129.00	387

表 3.22 2021—2022 年淮河各区域定置串联笼壶捕捞产量（单位：千克）

年/月	鲁口段 1	鲁口段 2	鲁口段 3	平均	总计
2021 年 9 月	—	—	—	—	—
2021 年 10 月	—	284.5	368	326.25	652.5
2021 年 11 月	634	466.5	415	505.17	1 515.5
2021 年 12 月	724	587.5	466.5	592.67	1 778
2022 年 1 月	246.5	418	165.5	276.67	830
2022 年 2 月	82	—	—	82.00	82

淮河两种网具月均捕捞量差异较大，由图 3.15 可以看出，多目刺网与定置串联笼壶的捕捞产量在捕捞期内均呈现先增加后减少的趋势，多目刺网比定置串联笼壶早一个月使用。相对来说，多目刺网的捕捞产量较为稳定，在 2021 年 10 月至 2022 年 1 月期间变化不大；定置串联笼壶捕捞产量变化幅度较大，且产量总体上高于多目刺网。

本调查所涉淮河样本船的捕捞人员均为当地专业捕捞人员，且其捕捞范围均在安徽省境内。依据 2021 年中国渔业统计年鉴，安徽省 2020 年渔业从业人员概况如表 3.23 所示。安徽省 558 577 名内陆渔业从业人员中，共有专业从业人员 269 502 名，其中内陆捕捞专业人员 35 299 名。

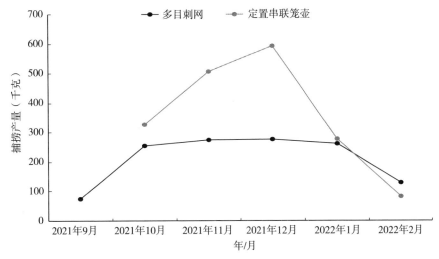

图 3.15 淮河两种网具月平均捕捞量变动状况

表 3.23 2020 年安徽省渔业人口及从业人员概况

	渔业乡（个）	渔业村（个）	渔业户（户）	渔业从业人员（名）	专业从业人员（名）	女性（名）	捕捞（名）
总计	9	91	152 556	558 577	269 502	58 265	35 299
内陆	9	91	152 556	558 577	269 502	58 265	35 299

3.4.2.5 钱塘江

钱塘江是中国东南沿海地区的主要河流之一，也是浙江省第一大河，全长589 千米。自源头起，流经安徽省南部和浙江省，流域面积 55 058 千米^2，年平均流量 442.5 亿米^3，经杭州湾注入东海。流域内主要干流包括新安江、兰江、富春江和钱塘江，主要支流包括乌溪江、婺江、分水江、浦阳江和曹娥江。钱塘江流域鱼类资源丰富，上游有山溪性鱼类，中游江段河川性鱼类众多，下游有大量季节性洄游鱼类，是中国重要的淡水渔业基地之一。鲤科鱼类是钱塘江流域的优势鱼类，陈马康等（1990）对钱塘江干流鱼类资源开展系统调查，共发现鱼类 202 种，隶属于 55 科。

钱塘江流域鱼类资源丰富，但因过度捕捞及不合理开发利用，渔业资源下降严重，因此长期以来，如何合理、科学地开展增殖放流备受各界关注（储乔江等，2020）。早在 1958 年，浙江省淡水水产研究所的科技人员就深入沿江渔区，放养了少量的鲢、鳙。小试成功后，省、市有关部门持续开展了增殖放流工作，效果显著，富春江库区四大家鱼的产量比例从增殖前的 7% 上升到了40%（吴成根，1983）。半个多世纪以来，钱塘江主要增殖放流的品种包括鲢、鳙、三角鲂、黄尾鲴、花鲭、松江鲈等（表 3.24）。

表 3. 24　钱塘江主要经济鱼类

目/科/亚科/种	
鲤形目	**鲇形目**
鲤科	**鲇科**
花鳕	鲇
红鳍原鲌	**鲈形目**
鲂	**真鲈科**
蒙古鲌	七星鲈
翘嘴鲌	
鳊	
鳙	
鲢	
草鱼	
青鱼	

　　根据禁渔制度以及渔民实际生产状况，本调查中钱塘江样本船的捕捞期为 2021 年 9 月 1 日至 2022 年 2 月 28 日。随机抽取 5 艘样本船，如图 3.16 所示，分布在 5 个地点。其中 4 艘样本船捕捞网具为多目刺网，分别位于富春江、兰江、桐庐段和新安江；另外 1 艘样本船采用定置串联笼壶，位于新安江。

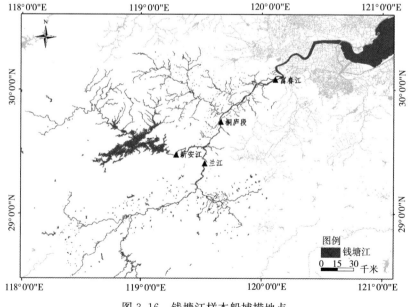

图 3.16　钱塘江样本船捕捞地点

2021 年 9 月至 2022 年 2 月钱塘江样本船捕捞产量见表 3.25 和表 3.26。统计显示，2021 年 9 月至 2022 年 2 月钱塘江各区域多目刺网样本船月均捕捞产量为 132.54～976.83 千克，2022 年 1 月最低，2021 年 10 月最高；2021 年 10 月至 2022 年 2 月钱塘江新安江处定置串联笼壶样本船捕捞产量范围为 292～846.5 千克，2022 年 2 月最低，2021 年 11 月最高。

表 3.25 2021—2022 年钱塘江各区域多目刺网产量（单位：千克）

年/月	富春江	兰江	桐庐段	新安江	平均	总计
2021 年 9 月	—	525.5	—	1 396.8	961.15	1 922.3
2021 年 10 月	50.3	723	41	3093	976.83	3 907.3
2021 年 11 月	247.5	189	64.95	458.5	239.99	959.95
2021 年 12 月	125	378	57.65	859.5	355.04	1 420.15
2022 年 1 月	146	157.5	57.15	169.5	132.54	530.15
2022 年 2 月	156.5	162.5	52.15	174	136.29	545.15

表 3.26 2021—2022 年新安江地区定置串联笼壶产量（单位：千克）

	2021 年 9 月	2021 年 10 月	2021 年 11 月	2021 年 12 月	2022 年 1 月	2022 年 2 月	总计
新安江	811	557.5	846.5	720.5	431	292	3 658.5

钱塘江两种网具月均捕捞产量在整个捕捞期内均呈现下降趋势（图 3.17）。多目刺网捕捞产量在 2021 年 9 月及 2021 年 10 月较高，然后从 2021 年 11 月到 2022 年 2 月急剧下降，其间产量维持在较低水平；2021 年

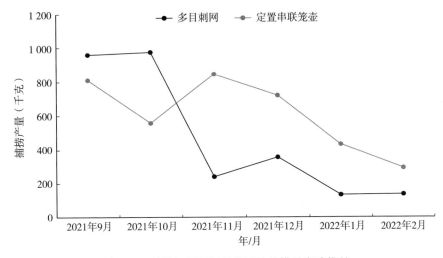

图 3.17 钱塘江两种网具月平均捕捞量变动状况

11月到2022年2月，定置串联笼壶捕捞产量总体呈缓慢下降趋势。受高强度捕捞的影响，捕捞期内钱塘江的渔业资源逐渐减少，加上气温下降，鱼类活动减弱，导致捕捞量逐月减少。

本调查所涉钱塘江样本船捕捞人员均为当地专业捕捞人员，且其捕捞范围均在浙江省境内。根据2021年中国渔业统计年鉴，浙江省2020年渔业从业人员概况如表3.27所示。浙江省303 742名内陆渔业从业人员中，共有专业从业人员161 191名，其中内陆捕捞专业人员23 471名。

表 3.27　2020 年浙江省渔业人口及从业人员概况

	渔业乡（个）	渔业村（个）	渔业户（户）	渔业从业人员（名）	专业从业人员（名）	女性（名）	捕捞（名）
总计	91	647	297 961	654 384	404 127	72 259	145 419
内陆	12	131	98 817	303 742	161 191	39 471	23 471

3.4.3　不同调查水域数据对比分析

由于禁渔制度、渔民实际生产状况、捕捞网具以及渔业资源各不相同，不同调查水域的捕捞产量必然有所差异。调查期间（2021年3月至2022年2月），白洋淀、南四湖、抚仙湖、淮河及钱塘江样本船月均捕捞产量变化趋势如图3.18所示。从图中可以看出：

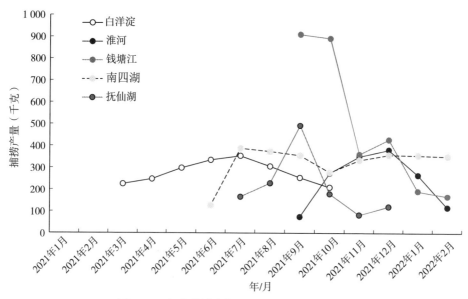

图 3.18　各水域样本船月均捕捞产量变动状况

①不同调查水域的捕捞期长度有所不同，主要受禁渔制度及气候的影响。其中南四湖捕捞期最长，达9个月（2021年6月至2022年2月），白洋淀次之，为8个月（2021年3月至10月），淮河、钱塘江及抚仙湖均为6个月。

②不同调查水域的开捕时间有所差异。湖泊中，白洋淀最早开捕（2021年3月），其次为南四湖（2021年6月），最后为抚仙湖（2021年7月），呈现出随着纬度变低，开捕时间变晚的趋势；两大河流（钱塘江、淮河）的开捕时间一致，均为2021年9月。

③不同调查水域的捕捞产量有所差异。整体而言，钱塘江的捕捞产量最高，主要是由于钱塘江在2021年9月及10月的捕捞产量较高，而其余月份与其他调查水域产量相近。若将钱塘江的高产量月份排除在外，可以发现5个水域的整体的月均产量相近，大致都围绕在300千克左右的范围内。在捕捞期后期，捕捞产量均有不同程度的降低，一方面是气候原因，温度降低导致鱼类活动减弱；另一方面是水域中渔业资源减少，导致渔获物有不同程度的减少。

3.4.4 内陆捕捞渔获物销售分析——基于本调查

3.4.4.1 销售方式简介

在中国，内陆渔民捕捞结束后，会根据自身渔获物的销售方式，回到自己的渔港码头或者前往统一的收购码头。对于渔获物的处理方式多种多样，一般说来，渔民会将其中大部分或者全部渔获物进行售卖，而主要的销售方式有以下3种：

①渔民直销。在中国，这是内陆捕捞中最普遍的渔获物销售方式，渔民将根据当地实际情况在码头上售卖或者运至市场上摆摊售卖。

②商贩收购。在中国，这种销售方式下的渔获物比重是最高的。渔民根据实时市价将渔获物分类销售给不同的商贩，商贩集中采购后，渔获物进入批发市场，随后进一步进入零售市场和超市等。此外，商贩也可将渔获物二次销售给各大饭店。

③冷冻后销售。由于淡水产品冷冻后品质会受到影响，因此这种方式所占比例较小。对于太湖新银鱼等小部分冷冻后品质影响较小、冷冻后更易于销售的鱼类，渔民会先进行冷冻处理。此外，对于滞销的渔获物也会进行冷冻处理。

3.4.4.2 样本船销售分析

本调查中，除了抚仙湖的渔获物销售方式统一为商贩收购外，其余四个水域的渔民均同时使用渔民直销和商贩收购两种销售方式。

如图3.19所示，不同调查水域的渔获物销售收益差异明显。这种差异的产生不仅来源于前文所示的捕捞量差异，还源于同一品种在不同区域单价不等，以及不同品种的单价差异等（图3.20）。整体而言，钱塘江样本船的月均销售额最高，淮河的最低；抚仙湖的渔获物单价相对最高（太湖新银鱼价值较高），淮河的最低（其主要捕捞品种价值较低）。

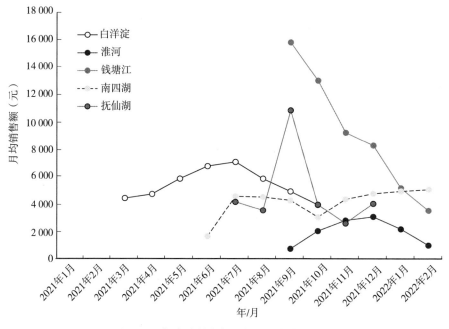

图 3.19　各水域样本船月均销售额变动状况

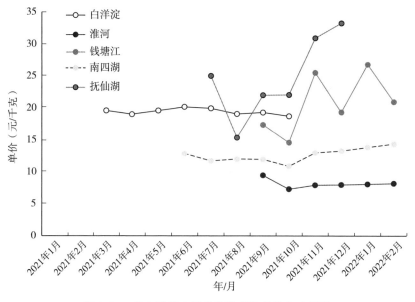

图 3.20　各水域样本船月均渔获物单价变动状况

钱塘江：整个捕捞期内，钱塘江样本船的月均销售额持续急剧下降，从 2021 年 9 月的 15 824 元降到了 2022 年 2 月的 3 508 元，15 824 元也是所有调查水域内的最高月均销售额。可以看出，钱塘江渔民的收入状况各月差异较大，大部分收益集中在开捕后的前两个月。然而，这两个月内钱塘江渔获物的单价在整个捕捞期内却是最低的，推测是受到供需关系的影响。

南四湖：南四湖的捕捞产量整体上为每月 300~350 千克。南四湖各月份渔获物单价变化波动不大，大体上在 10~15 元/千克范围内，仅比淮河高，因此南四湖样本船的月均销售额大体上比淮河高。2022 年 2 月最高，达到了 5 048元，2021 年 6 月最低，仅为 1 628 元，平均在 4 000 元的水平。由于南四湖渔获物价格相对稳定，其月均销售额的变化趋势与月均产量的变化趋势几乎一致。

淮河：淮河的渔获物单价在 5 个水域中最低，除开捕首月（2021 年 9 月）为 9.48 元/千克外，其余月份稳定在 8 元/千克左右，因此其月均销售额与产量一致，呈现出先升后降的变化趋势，2021 年 12 月最高，为 3 048 元，2021 年 9 月最低，仅为 703.75。相比之下，淮河渔民的月均销售收入在 5 个水域中最低。

白洋淀：白洋淀的渔获物单价相对稳定，整个捕捞期内保持在 18.82~20.17 元/千克，因此该水域样本船的月均销售额与月均产量有着相似的先升高后降低的变化趋势，最高为 2021 年 7 月的 7 062 元，最低为 2021 年 10 月的 3 931.5 元。

抚仙湖：抚仙湖的渔获物仅含太湖新银鱼，其单价相对较高，但受捕捞期内供需变化的影响，波动剧烈。其单价在开捕首月（2021 年 7 月）达到了 25 元/千克，但次月就降至最低值，仅为 15.36 元/千克，随后不断升高，至最后一个捕捞月（2021 年 12 月）达到最高值 33.26 元/千克。大体而言，抚仙湖样本船的月均销售额与月均产量变化趋势相近，2021 年 9 月达到最高点 10 844 元，2021 年 11 月降至最低点 2 567 元。捕捞后期，可能由于产量降低，受供需影响，太湖新银鱼的价格出现了大幅上涨。

3.4.5 内陆捕捞产量推测

基于 2021—2022 年各抽样水域样本船的平均捕捞产量，根据抽样调查规则，结合调研交流获得的相关数据，推算各水域内陆捕捞总产量（表 3.28），并与各水域内陆捕捞产量上报数据进行比较分析，结果显示：

①白洋淀。本调查样本船填报数据显示，2021 年单船年均捕捞产量为 2 229.95千克。调研显示，白洋淀在册捕捞渔船约 6 000 艘，填报总捕捞产量为 13 725 吨。本次以 6 000 艘捕捞渔船估算，结合调研显示在册渔船中长期从

事捕捞活动的渔船约占总渔船数的 88%，从事捕捞的渔船产量占总捕捞产量的 90% 左右（少量产量来自非渔船等其他方式），推算白洋淀总捕捞产量为 13 082.4 吨，相比填报的总捕捞产量低 4.7%。

表 3.28　各水域内陆捕捞产量推算表

水域	数据填 报月份	样本船平均 产量（千克）	推算总产量 （吨）	各地上报总 产量（吨）	变化
白洋淀	2021 年 3 月至 2021 年 10 月	2 229.95	13 082.4	13 725	−4.7%
南四湖	2021 年 7 月至 2022 年 2 月	2 585.9	22 411.1	24 965	−10.2%
淮河（安徽）	2021 年 10 月至 2022 年 2 月	1 280.5	210.9	215	−1.9%
钱塘江（浙江）	2021 年 10 月至 2022 年 2 月	2 588.7	4 246.5	4300	−1.2%
抚仙湖	2021 年 7 月至 2021 年 12 月	1 132.5	737.1	732	0.7%

②南四湖。本调查样本船填报数据显示，2021—2022 年单船年均捕捞产量为 2 585.9 千克（每年 3—6 月为禁渔期）。调研显示，长期从事捕捞的渔船约 6 500 艘，微山县填报的总捕捞产量为 24 965 吨。本次以 6 500 艘捕捞渔船估算，结合调研显示渔船捕捞产量占总捕捞产量的 75% 左右，推算南四湖总捕捞产量为 22 411.1 吨，相比填报的总捕捞产量低 10.2%。

③抚仙湖。本调查样本船填报数据显示，2021 年单船年均捕捞产量为 1 132.5 千克。目前抚仙湖仅允许太湖新银鱼专项捕捞，捕捞期为每年 7—12 月，捕捞证为一年一发。2021 年共发放 781 份银鱼专项捕捞证，填报总捕捞产量 732 吨。调研显示办理捕捞证且实际长期从事捕捞的渔船约占 80%，由于特殊的捕捞方式，长期从事捕捞的渔船捕捞产量约占总捕捞产量的 96%（部分渔船少量捕捞），以此推算抚仙湖银鱼总捕捞产量为 737.1 吨，相比填报的总捕捞产量高 0.7%。由于抚仙湖捕捞针对性强，仅包含太湖新银鱼，易于量化统计，因此推算值与填报值差异较小。

④淮河（安徽段）。由于江苏省全面禁渔，淮河捕捞产量的重要贡献者洪泽湖处于禁渔状态。因此，本调查中所涉样本船均在淮河安徽段内，其调查数据显示，2021—2022 年单船年均捕捞产量为 1 280.5 千克（每年 3—6 月为禁渔期，2021 年 7—8 月及部分 9 月数据缺失，此处仅为部分 2021 年 9 月、10—12 月及 2022 年 1—2 月的捕捞数据）。调研显示，淮河安徽阜阳段从事捕捞的渔船仅 42 艘，填报的总捕捞产量为 215 吨。本次以安徽阜阳段为例，结合调研及资料显示，开捕后的 3 个月（7—9 月）累计捕捞产量可占全年捕捞产量的 70% 左右（基于 FFRC 长期从事淮河安徽段渔业资源调查工作的基础和经验），捕捞渔船产量占总捕捞产量的 85% 左右，推算淮河安徽阜阳段总捕

捞产量为 210.9 吨，相比填报的总捕捞产量低 1.9％。

⑤钱塘江（浙江段）。据调查，钱塘江上游安徽段已全面禁渔，捕捞活动主要集中在浙江段，包括建德市、杭州市等地，本调查所统计的捕捞产量不包括新安江干流的水库（千岛湖水库，主要为鲢鳙增殖型渔业）。本调查中钱塘江干流样本船填报数据显示，2021—2022 年单船年均捕捞产量为 2 588.7 千克（每年 3—6 月为禁渔期，2021 年 7—9 月数据缺失，此处仅为 2021 年 10—12 月及 2022 年 1—2 月的捕捞数据）。调研显示钱塘江建德、桐庐、富阳及杭州市区共有从事捕捞的渔船 853 艘，填报的总捕捞产量约 4 300 吨。本次以此为依据，结合调研及资料显示，开捕后的 3 个月内（7—9 月）捕捞产量可占全年捕捞产量的 48％左右（基于 FFRC 多年从事钱塘江渔业资源调查及开展钱塘江捕捞产量统计工作的基础和经验），长期从事捕捞的渔船约占 90％，捕捞渔船产量占总捕捞产量的 90％左右，推算钱塘江总捕捞产量为 4 246.5 吨，相比填报的总捕捞产量低 1.2％。

产量推算表显示，由样本船填报数据推算的产量稍低于实际填报值，可能与样本船个体间捕捞方式不同有关（个体渔民间的捕捞手段、时间、技术等不一），整体差异不大，差值基本都在 5％范围内，平均为 −3.5％。湖泊型水体（白洋淀及南四湖）差值略高于河流型水体（淮河及钱塘江），可能与湖泊型水域捕捞渔船数量较多、渔获量区域分布不均有关（均超过 6 000 艘，个体间差异较明显）。

4 中国内陆渔业管理现状及未来规划

4.1 渔业管理机构和管理政策概述

4.1.1 管理权限概述

中国的渔政管理至今已有几千年的历史。最早在夏、商时期，就有渔业设官之说（武仙竹，2002）。《周礼》有歔人之官，为天官之属，而掌捕鱼之事；《国语》谓之水虞；《礼记》又名渔师，皆专司渔政者。到明（尹玲玲，2003）、清（余汉桂，1992）时期，渔政设施及渔业行政机构进一步完备。中华民国时期还颁布过包括渔政管理内容的《渔业法》（1929 年）（苏雪玲，2011；荆伟，2013）。新中国成立后，中国在制定的渔业法规中，对渔政管理作了规定，建立了各级渔政管理机构，配备了相应的人员和设施（闫雪崧，2008）。

目前，中国设有各种规模、级别和职责不一的渔政管理机关和机构，即渔政、渔港监督、渔船检验、渔业无线电管理机构、水生动植物自然保护区管理机构等（表 4.1）。有些是专门的渔政管理主体，有些是由职能相近的若干部门共同构成一个独立行政主体，这些行政主体享有除渔政管理权之外的其他公共事务管理权。根据其决策权力或者说权威性、所管理渔政事务的地域范围以及综合程度等，这些渔政管理部门可以被分为中央渔政管理机关、地方渔政管理机关、由法律或法规授权的渔政管理机构以及其他组织和渔政管理机关或机构委托的组织。

表 4.1 各地区渔政管理机构概况（按机构性质分）

地区	渔业执法机构数量（个）	数量（个）			其他
		行政单位	参照公务员法管理单位	事业单位	
全国	2 609	458	600	1 551	
部直属	2	2	0	0	
北京	16	5	1	10	内陆

（续）

地区	渔业执法机构数量（个）	数量（个）			其他
		行政单位	参照公务员法管理单位	事业单位	
天津	11	1	2	8	内陆
河北	105	18	7	80	内陆
山西	55	6	1	48	
内蒙古	97	12	23	62	
辽宁	75	5	7	63	内陆＋海上
吉林	58	8	8	42	
黑龙江	91	6	12	73	
上海	10	2	8	0	
江苏	93	4	56	33	
浙江	97	8	77	12	
安徽	111	15	8	88	
福建	86	3	59	24	
江西	93	1	12	80	
山东	158	30	13	115	
河南	114	33	3	78	
湖北	101	5	13	83	
湖南	120	9	28	83	
广东	123	116	4	3	
广西	107	5	91	11	
海南	21	1	4	16	
重庆	40	1	30	9	
四川	202	65	65	72	
贵州	97	0	9	88	
云南	149	17	10	122	
西藏	57	22	2	33	
山西	112	17	8	87	
甘肃	83	15	10	58	
青海	38	2	6	30	
宁夏	22	1	0	21	
新疆	65	23	23	19	

资料来源：《中国渔业统计年鉴》，数据截至 2020 年 5 月。

中央渔政管理机关和机构包括国务院、农业农村部及其所属的渔政管理机构；地方渔政管理机关和机构包括地方各级人民政府及其渔业行政主管部门和所属机构。目前，主体渔政管理机构属于具有渔业行政管理职能的事业单位，对内陆渔业捕捞有一定的管理权限。

4.1.1.1 国务院

根据《中华人民共和国宪法》第八十九条和《中华人民共和国国务院组织法》，国务院是最高国家行政机关（表4.2），有权规定国务院各部、委员会的任务和职责。全国地方各级人民政府都是国务院统一领导下的国家行政机关，都服从国务院。国务院是渔业公共行政事务的最高决策机关，可以依法颁布关于渔政管理工作的行政法规、决定、命令以及其他规范性文件。农业农村部应当就渔政管理工作的方针、政策、计划和重大行政措施向国务院请示和报告，由国务院决定。

表4.2 国家级渔业管理机构

名称	职责
国务院	渔业公共行政事务的最高决策机关

4.1.1.2 农业农村部及其所属机构

农业农村部根据《中华人民共和国渔业法》以及国务院"三定"方案主管全国渔业工作（图4.1），负责研究、制定和实施渔业发展战略、规划以及重大措施，指导渔业生物资源、渔业水域、滩涂等的开发利用，保护渔业水域生态环境和水生动植物资源，维护国家渔业权益，行使渔船检验和渔政、渔港监督管理权等，具体工作由农业农村部渔业渔政管理局承担（表4.3）。

农业农村部渔业渔政管理局是渔政管理工作的最高领导机构，负责在全国贯彻实施《中华人民共和国渔业法》以及其他渔业法规和规章，对农业农村部的三个海区渔政渔港监督管理局和各级地方人民政府的渔业行政主管部门和所属机构进行领导和指导（卓友瞻，1996）。此外，农业农村部还设立了渔业船舶检验局，负责贯彻实施有关渔业船舶检验的法律、法规和规章，履行有关国际公约规定的义务，处理有关渔业船舶制造、修理和检验中的违法案件等，并对地方各级人民政府渔业船舶检验机构的工作进行领导和指导。

此外，长江流域渔政监督管理办公室是中国第一个内陆流域性渔政监督管理机构，也是农业农村部设立的首个派出行政机构，主要负责黄河流域以南相关流域、重要水域和边境水域的渔政管理、水生生物资源养护等工作，覆盖长江、珠江、雅鲁藏布江、淮河、澜沧江、怒江、闽江、钱塘江等流域和边境水域以及鄱阳湖、洞庭湖、太湖、纳木错、巢湖等湖泊，涉及上海、江苏、浙

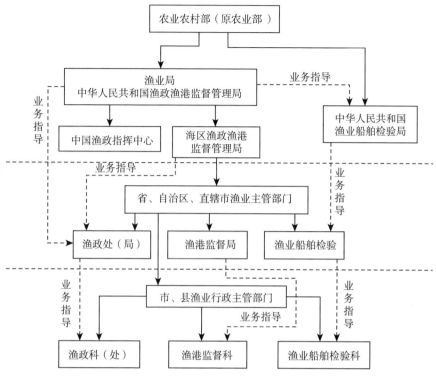

图 4.1　农业农村部（原农业部）组织架构（2018 年及以前）

江、安徽、福建、江西、河南、湖北、湖南、广东、广西、海南、重庆、四川、贵州、云南、西藏、陕西、甘肃、青海等 20 个省份。

表 4.3　农业农村部渔业管理机构及其所属机构

成立时间	机构名称	负责区域	职责
1947 年	中国水产科学研究院	全国	全国渔业科学研究的最高学术机构
1958 年	中国水产杂志社	全国	宣传、推广、科教
1990 年 6 月	全国水产技术推广总站	全国	宣传、推广、科教
2014 年 1 月	农业农村部渔业渔政管理局	全国	全国渔业发展领导机构
2014 年 10 月	农业农村部长江流域渔政监督管理办公室	黄河流域以南相关流域	内陆渔业管理
2015 年 12 月	中国渔业报	全国	宣传党和国家渔业政策

4.1.1.3　地方渔业行政主管部门及其所属机构

根据《中华人民共和国地方各级人民代表大会和地方各级人民政府组织法》以及《中华人民共和国渔业法》等有关法律法规的规定，地方人民政府负责本行政区域内的渔政管理工作，并且下级政府应向上级政府负责和报告工作。对于跨行政区域的渔业活动，由有关的地方政府协商管理或者由共同的上级人民政府决定。地方各级人民政府渔业行政主管部门及其所属的渔政管理机构，是同级人民政府的职能部门，主管本行政区域内的渔政管理工作，接受本级人民政府的领导，并且依照法律、法规的规定接受上级人民政府渔业行政主管部门的业务指导或者领导，以及农业农村部及其所属机构的业务指导或者领导（表 4.4）。

表 4.4 地方各级渔业行政主管部门和所属机构（部分省级渔业主管机构）

名称	区域	名称	区域
河北省渔政处	境内各河流等	山西省水利厅渔业局	境内黄河、海河流域等
吉林省农业农村厅渔业渔政管理局	境内松花江、辽河、图们江、绥芬河等	黑龙江省农业农村厅渔业渔政管理局	境内松花江、呼玛河、乌苏里江等
江苏省自然资源厅	境内淮河、长江干流、太湖水系等	浙江省海洋与渔业局	境内钱塘江、瓯江、甬江等八大水系
安徽省农业农村厅渔业渔政管理局	境内淮河、长江等	福建省海洋与渔业局	境内闽江、九龙江、晋江、木兰溪等
江西省农业农村厅渔业渔政局	境内赣江、信江、修河、鄱阳湖等	山东省农业农村厅	境内黄河、淮河、海河三大流域及独流入海水系
河南省农业农村厅水产局	境内海河、黄河、淮河、长江流域	湖北省农业农村厅	境内长江、洪湖、梁子湖、斧头湖等
湖南省畜牧水产局	境内湘江、资江、沅江等	广东省农业农村厅	境内珠江水系
海南省自然资源和规划厅	南渡江、昌化江等	四川省农业农村厅渔业渔政管理处	境内金沙江、安宁河、长江、嘉陵江等
贵州省渔业局	境内长江、珠江流域等	云南省农业农村厅渔业渔政管理处	境内长江、珠江、澜沧江、滇池、洱海等

乡（含民族乡、镇）人民政府是最低一级人民政府，依照《中华人民共和国地方各级人民代表大会和地方各级人民政府组织法》以及其他法律法规，也享有某些渔政管理权。街道办事处，是市辖区、不设区的市的人民政府的派出机关，其职责与乡级人民政府的职责类似，也享有一定的渔政管理权。但乡政府和街道办事处可以实施的渔政管理行为极为有限，并且无权颁发养殖证、渔业捕捞许可证等渔业证件。

4.1.1.4 经法律授权可行使部分渔政管理权的组织

根据法律、法规的明确授权，某些不属于渔政管理机关或机构的组织也可依法管理某些渔业公共事务。主要包括群众性自治组织、水产技术推广机构、水产科研和教育机构、行业协会以及专业技术委员会（表4.5）。

表4.5 经法律授权可行使部分管理权的部分组织

成立时间	名称	区域	职责
1984年8月	江西省鄱阳湖国家级自然保护区管理局	鄱阳湖	湖泊综合管理
1984年12月	水利部太湖流域管理局	太湖	流域水资源监督保护
2001年6月	江苏省洪泽湖渔业管理委员会办公室	洪泽湖	湖泊综合管理
2012年3月	安徽省巢湖管理局	巢湖	湖泊综合管理
2016年5月	淮河流域渔业资源管理办公室	淮河流域	渔业管理平台
2016年11月	珠江流域渔业管理委员会	珠江流域	渔业管理平台
2016年11月	长江流域渔业资源管理委员会	长江流域	渔业管理平台
2021年10月	黄河流域渔业资源管理委员会	黄河流域	渔业管理平台

村民委员会，是村民自我管理、自我教育、自我服务的基层群众性自治组织，可根据法律法规及村规民约等管理本地的一些渔政事务，并接受乡政府和街道办事处、县级以上地方人民政府及其渔业行政主管部门及其所属机构的业务指导。目前，中国建立了国家级、省级、市级、县级和乡级五级水产技术推广体系，根据《中华人民共和国农业技术推广法》，各级水产技术推广机构都享有一定程度的渔政管理权。根据《中华人民共和国渔业法实施细则》（1987年）第九条以及《中华人民共和国农产品质量安全法》（2006年）第二十七条，依法设立的渔业行业协会在渔政机关和机构的指导下，也享有一定的渔政管理权。由于某些渔政管理活动具有较强的专业技术属性，渔政机关不方便行使相关权力，法律、法规也明确授权专门的技术委员会行使。如《中华人民共和国渔业法》（1986年）第十六条规定，水产品新品种的审定工作由全国水产原种和良种审定委员会负责。由法律、法规授权的组织与渔业行政机关和机构一样，具有行政主体的地位，可以以自己的名义依法行使法律法规授予的渔政管理权，并自行承担由此产生的法律责任。

4.1.1.5 由渔政机关委托可行使特定管理权的组织

为便于管理，渔业行政机关或机构也可以将部分渔政管理权委托给具有管理能力的其他行政机关、事业单位、社会团体、行业协会以及群众自治组织行使（表4.6）。如《中华人民共和国水生野生动物保护实施条例》（1993年）第17条规定，渔业行政主管部门可以委托同级建设行政主管部门核发国家重点保护的水生野生动物驯养繁殖许可证。渔业行政委托必须有法定的依据，依照法定的程序进行，并向社会公布。接受委托的组织，应是依法设立的，并有符合要求的人员和技术条件，如设立渔业行业协会要经过渔业行政机关的审查同意，具备法人条件，并依据《社会团体登记管理条例》依法登记。

表4.6　渔政机关委托可行使特定渔政管理权的部分组织

成立时间	名称	区域	主要职责
2003年7月	江苏省渔业协会	江苏省	
2000年12月	黑龙江省渔业协会	黑龙江省	协助渔业管理，规范行业行为，向政府反映意
2001年5月	中国渔业协会	全国	见和要求，提供经营管理和渔业技术的培训和咨
2007年4月	安徽省渔业协会	安徽省	询，交流推广、科学技术交流和经济技术合作。
2020年12月	四川省渔业协会	四川省	

4.1.1.6　相关渔业科研院所

中国水产科学研究院（CAFS）是农业农村部直属的综合性渔业科研机构，担负着全国渔业重大基础研究、应用研究和高新技术产业开发研究的任务，在解决渔业及渔业经济建设中的基础性、方向性、全局性、关键性的重大科技问题，以及科技兴渔、培养高层次科研人才、开展国内外渔业科技交流与合作等方面发挥着重要作用（表4.7）。

表4.7　渔政机关委托可行使特定渔政管理权的部分组织

建立时间	名称	科研人员	主要研究区域或单位性质
1947年1月	中国水产科学研究院黄海水产研究所	赵法箴、唐启升等	围绕海洋生物资源开发与可持续利用，在海洋生物资源与环境、捕捞技术、海水增养殖、水产品加工与质量安全等领域开展研究
1958年10月	中国水产科学研究院东海水产研究所	陈雪忠、庄平、沈新强等	
1953年3月	中国水产科学研究院南海水产研究所	蒙钊美、曹家录、贾晓平等	
1912年	上海海洋大学	—	水产综合型大学
1924年	中国海洋大学	—	水产综合型大学
1935年	广东海洋大学	—	水产综合型大学
1950年6月	中国水产科学研究院黑龙江水产研究所	孙效文、梁利群等	围绕黑龙江流域和北方寒冷地区开展各项研究
1953年	中国水产科学研究院珠江水产研究所	王广军、朱华平等	围绕珠江流域及热带亚热带渔业重大基础应用开展研究
1958年	中国水产科学研究院长江水产研究所	艾晓辉、危起伟等	围绕长江中上游渔业资源保护与利用等开展研究

（续）

建立时间	名称	科研人员	主要研究区域或单位性质
1963 年 5 月	中国水产科学研究院渔业机械仪器研究所	陈军、倪琦等	围绕渔业装备与工程学科开展研究
1978 年	中国水产科学研究院渔业工程研究所	陈金发、崔国辉等	围绕渔港与渔场、设施渔业等工程建设开展研究
1978 年	中国水产科学研究院淡水渔业研究中心	徐跑、戈贤平等	围绕长江中下游渔业资源保护和利用开展研究

CAFS 设有海区研究所 3 个、流域研究所 4 个、专业研究所 2 个、增殖实验站 4 个及院部共 14 个单位，与地方共建了 5 个研究机构。其中，内陆流域研究所包括黑龙江水产研究所、长江水产研究所、珠江水产研究所和淡水渔业研究中心。

4.1.1.7 其他渔业保护机构

根据《中华人民共和国渔业法》《中华人民共和国野生动物保护法》及相关法规，设立渔业资源监测站、保护区管理站、增殖放流站等渔业资源保护机构，以加强渔业资源的保护、增殖和利用（表 4.8）。

表 4.8 其他渔业保护机构

建立时间	名称	主要研究领域
1986 年	农业农村部长江下游渔业资源环境科学观测实验站	长江下游渔业资源调查评估、保护等综合技术平台
2017 年	丹江口水库鱼类增殖放流站	渔业增殖放流等资源保护

4.1.2 管理政策概述

渔业政策是国家在一定的发展阶段内对渔业发展目标、指导方针、完成的任务、实行的方式、采取的具体措施等的标准化规定，涉及范围非常广泛，包括渔业资源利用和保护政策、渔业产业发展政策、渔业水域保护政策、渔业管理政策、渔业金融政策、渔业补贴政策等。新中国成立 70 多年来，中国捕捞渔业总产量增加明显（图 4.2），渔业管理政策也随时代发展不断调整。总体而言，中国现代捕捞渔业政策在 70 余年的漫长岁月中不断调整完善，逐渐形成以投入控制、产出控制、技术控制与配套政策为核心的政策体系。但受限于管理体制约束、渔业资源数据缺乏、渔民群体庞大、渔民分类不清等因素，总可捕捞量制度（TAC）、个体可转让配额制度（ITQ）等先进的渔业管理政策尚未在全国范围内实施。

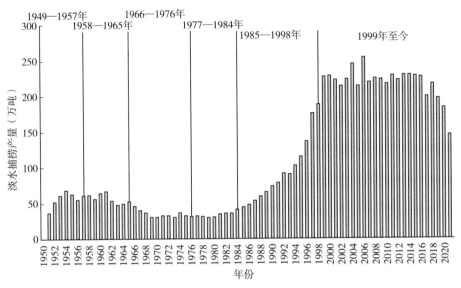

图 4.2　近 70 年中国淡水捕捞产量变化

4.1.2.1　新中国成立初期

新中国成立初期（1949—1957 年），为将社会主义新中国领入发展的快车道，"三大改造"政策应运而生。在这一时期，渔业相关政策的制定也依托于"三大改造"政策，确定了"以捕为主"的方针，久经战乱的中国渔业开始恢复发展。其间设立了国营水产企业，开启了渔业合作化运动。

在这一政策的指引下，至 1957 年，全国相继成立了 14 家国营捕捞企业，包括旅大水产公司、烟台水产公司、青岛水产公司、上海水产公司、国营南海水产公司等，这些企业成为中国捕捞渔业企业的骨干力量。该时期内，发展近海捕捞渔业成为当时政府渔业政策的重点，淡水捕捞发展较为缓慢，基本维持在 50 万～60 万吨。

新中国成立初期，中国存在大量贫困的渔民，这些渔民仅拥有 20%～30% 的生产资料，渔业合作社运动由此产生。1952 年，中共中央下达《关于渔民工作的指示》，主要内容就是逐步进行渔区的民主改革，打倒残存的封建反动势力，成立新的渔业协会、工会，消除对渔民群体的剥削。渔区民主改革充分调动了渔民的生产积极性。1953 年，《关于农业生产互助合作的决议》正式出台，渔业合作社得到进一步发展。1954 年全国共有渔业初级合作社 1 054 个，比 1953 年增加了 1 000 多个，渔民收入大幅提高。至 1957 年，全国共有 932 546 户渔民参与合作化运动，占渔民总体的 95% 以上，个体捕捞渔民的社会主义改造基本完成。数据显示，1950 年淡水捕捞产量 36.6 万吨，淡水渔业涉及人口 113 万左右，至 1960 年，内陆捕捞产量达 66.8 万吨，淡水渔业涉及人口 180 万左右。中国淡水渔业探索初期相关的政策如表 4.9 所示。

表 4.9 中国淡水渔业探索初期的相关政策

年份	淡水渔业政策和相关施政	主要内容及意义
1952 年	《关于委托供应淡水渔业用盐协议的联合指示》	解决了淡水渔业使用盐的问题
1955 年	《国务院关于将水产生产、加工、运销企业划归商业部统一领导的指示》	实现统一管理，渔业相关管理移交商业部门管辖
1956 年	《关于海、淡水养殖中急需解决的若干问题的通知》	是推动我国淡水渔业发展的第一份渔业政策文件

4.1.2.2　社会主义建设探索期

1958—1976 年，中国进入了社会主义建设的探索时期。由于"大跃进"和人民公社时期平均主义盛行，缺乏激励措施，内陆渔业发展缓慢，甚至出现产量下降。

为扭转捕捞业持续走低的颓势，1962 年，水产部门起草了《中共中央关于农村人民公社渔业若干政策问题的补充规定（草案）》。经调整，渔业人民公社多数转变为三级所有制形式，捕捞渔业逐渐得以恢复。但动荡的时代背景，使渔业发展整体较为缓慢。这一时期，由于淡水渔业政策实践尚不充分、指导生产力度不强等，中国淡水渔业产量整体呈下降趋势，数据显示淡水捕捞产量持续下降，至 1978 年，不到 30 万吨，淡水渔业人口下降至 80 万左右。中国政治动荡期的淡水渔业相关政策如表 4.10 所示。

表 4.10　社会主义建设探索期的淡水渔业政策

年份	淡水渔业政策和相关施政	主要内容及意义
1958 年	《关于在秋、冬捕捞成鱼期间收集亲鱼以作产卵孵化和放流的通知》	大规模人工繁育苗种的首次尝试
1964 年	水产部向国务院报请批准试行《水产资源繁殖保护条例（草案）》	第一次从国家政策层面提出了对天然渔业资源的保护
1966 年	《关于加速连家渔船社会主义改造的报告》	对"单干"的渔民进行统一管理与帮扶
1973 年	《国家计划委员会关于提高淡水鱼收购价格的通知》	提高了大宗淡水鱼的收购价格

4.1.2.3 改革开放初期

1978 年是中国改革开放政策的起始时期，是各行业发展的转折时期，这一时期国家重视淡水渔业生产，不仅改革力度较大，而且相关政策也较为密集（表 4.11）。1978 年中国出台了三项重要政策，主张从供给侧的生产基地建设和保障入手进行改革，同时把国营渔场打造成副食品生产基地。改革开放为中国淡水渔业经济发展不断注入活力。1978 年淡水捕捞产量仅 29.6 万吨，随后逐渐提升，至 1980 年产量达 33.8 万吨，1986 年淡水捕捞产量超过 50 万吨，达 53.0 万吨，淡水捕捞产量增加迅速。

表 4.11 改革开放初期的淡水渔业政策

年份	淡水渔业政策和相关施政	主要内容及意义
1979 年	《水产资源繁殖保护条例》	提出了促进鱼类自然繁育
1979 年	《关于颁发〈渔业水质标准〉的通知》	对渔业用水进行规范
1980 年	《全国渔业自然资源调查和渔业区划研究实施计划》	对天然渔业资源做了系统调查
1980 年	《关于水库养鱼和开展综合经营的报告》	推动了大水面生态渔业发展
1982 年	《关于加速发展淡水渔业的报告》	进一步制定淡水渔业发展规划

4.1.2.4 持续发展期

1986 年，《中华人民共和国渔业法》通过，自此中国淡水渔业在其推动下进入快速发展时期，形成了"法律保障＋专家指导＋机构认证"的发展模式（表 4.12）。农牧渔业部成立全国大中型水域水产养殖、增殖顾问组，就全国大中型水域的水产增养殖开发利用向农牧渔业部提出建议，同时接受委托负责生产和考察咨询。

1990 年，在农业部（1988 年 4 月 9 日第七届全国人民代表大会第一次会议决定将农牧渔业部更名为农业部）领导下，全国水产原、良种审定委员会正式成立，其主要负责：①贯彻国家颁布的有关水产种质和苗种生产管理的法律和政策；②审定适合于全国、流域、区域的水产养（增）殖的原、良种；③协助国家水产部门制定管理办法；④指导国家级水产原、良种场建设。1999 年，经国家质量技术监督局批准，"中国水产品质量认证管理委员会"和"中国水产品质量认证中心"在北京正式成立，开始开展水产品质量认证工作。这一时期，在法律保障、专家指导、机构认证以及淡水渔业特色政策的指引下，中国淡水渔业得到了快速发展，捕捞产量稳步上升，1986 年淡水捕捞产量 53 万吨，1990 年达 79 万吨，1993 年突破 100 万吨，达到 101.88 万吨，1998 年突破 200 万吨，达到 228 万吨。

表 4.12　深化改革开放时期的淡水渔业政策

年份	淡水渔业政策和相关施政	主要内容与意义
1986 年	《中华人民共和国渔业法》	中国渔业纲领性文件
1987 年	《中华人民共和国渔业法实施细则》	对渔业法的具体实施进行补充
1988 年	《中华人民共和国野生动物保护法》《全国人大常委会关于惩治捕杀国家重点保护的珍贵、濒危野生动物犯罪的补充规定》	珍贵、濒危物种保护

4.1.2.5　可持续发展期

随着捕捞技术的发展以及捕捞强度的增加，过度捕捞使天然经济鱼类产量急剧下降，渔业资源的可持续性问题亟待解决。对此，中国淡水渔业政策制定开始朝着可持续的方向转变。1999 年，中国提出产业结构调整的要求，从注重数量的增长逐步转向注重质量和效益的提高，加强对渔业资源和生态环境的保护，从而促进中国渔业的可持续发展。这一时期，政策制定主要是从"安全、转型、绿色"的角度全面实施淡水渔业新型管理政策（表 4.13）。

表 4.13　可持续发展时期的淡水渔业政策

年份	淡水渔业政策和相关施政	主要内容与意义
1999 年	《农业部关于调整渔业产业结构的指导意见》	新时期率先提出了对渔业产业结构进行调整升级的意见
2003 年	《水产养殖质量安全管理规定》	促进了淡水水产养殖的规范化
2015 年	《农业部办公厅关于加快推进内陆渔业船舶证书"三证合一"改革　做好新版证书换发有关工作的通知》	对于渔业生产船舶进行规范化管理
2016 年	《农业部关于加快推进渔业转方式调结构的指导意见》	渔业转型改革
2018 年	《农业绿色发展技术导则（2018—2030 年)》	农业绿色发展的意见
2019 年	《关于推进大水面生态渔业发展的指导意见》	内陆大水面渔业专项指导文件
2019 年	《农业农村部关于实行海河、辽河、松花江和钱塘江等 4 个流域禁渔期制度的通告》	全国七大流域全面禁渔
2020 年	《长江十年禁渔计划》	长江干流十年禁渔

①在安全方面，《中华人民共和国安全生产法》《中华人民共和国渔业船舶检验条例》等对渔业生产安全作出了规定。②在改革方面，农业部于2016年出台《农业部关于加快推进渔业转方式调结构的指导意见》，2017年出台《农业部关于推进农业供给侧结构性改革的实施意见》等，提出了渔业发展改革转型的意见。③在绿色发展方面，2019年《关于推进大水面生态渔业发展的指导意见》发布，对大水面生态渔业发展提供了指导性意见，2021年《"十四五"全国农业绿色发展规划》《"十四五"全国渔业发展规划》等发布，生态渔业的理念逐渐成为渔业发展的主题。1999年至2019年，中国淡水捕捞产量稳定在200万～238万吨，2016年达到最高值，捕捞产量达238万吨，但随后逐年下降，2018年下降至200万吨以下，2021年淡水捕捞产量仅为119.8万吨。

当前，中国经济由高速增长转向中高速增长。中国渔业的主要矛盾已经转化为人民群众对优质安全水产品和优美水域生态环境的需求与水产品供给结构性矛盾突出、渔业对资源环境过度利用之间的矛盾。今后一个阶段，中国渔业发展将以提质增效、减量增收、绿色发展、富裕渔民为目标，将渔业从数量增长、规模扩张转向高质量发展和绿色发展的转道。

4.1.2.6 主要政策

①投入控制政策。捕捞许可证与船网工具指标控制制度——《渔业捕捞许可管理规定》于2002年发布，至2020年共进行过5次修订。截至目前，中国渔业捕捞证共分为8类，并对作业类型、作业场所等均有规定，其中，内陆渔业捕捞许可证、专项（特许）渔业捕捞许可证、临时渔业捕捞许可证、休闲渔业捕捞许可证、捕捞辅助船许可证等涉及内陆渔业捕捞活动。2020—2021年，国家连续出台相关文件，如《进一步加强长江流域重点水域禁捕和退捕渔民安置保障工作实施方案》《关于进一步做好退捕渔民转产转业和生活保障相关工作的通知》《关于实施长江流域重点水域退捕渔民安置保障工作推进行动的通知》等，就长江十年禁渔相关退捕渔民转产转业等问题给予指导。

②产出控制制度。迄今为止，中国仅出台过一项海洋捕捞的"产出控制"政策措施——捕捞限额制度，而淡水捕捞渔业发展更为缓慢，基本没有产出控制制度。随着近些年生态渔业的发展，总量控制逐渐运用到内陆大水面生态渔业捕捞中，尤其对库区、湖泊等大水面增殖渔业捕捞，提前制定捕捞量是规划的前提之一。

③技术控制政策。针对渔业管理实施的技术性政策较多，主要有以下四点：一是禁渔期制度，目前几乎所有内陆大水面均已实施禁渔期制度；二是增殖放流政策，已经成为中国各水域渔业资源保护的主要措施之一；三是最小尺寸及最低可捕捞标准制度，农业部先后发布《农业部关于长江干流实施捕捞准

用渔具和过渡渔具最小网目尺寸制度的通告（试行）》（农业部，2017）、《农业部关于长江干流禁止使用单船拖网等十四种渔具的通告》、《农业农村部关于发布长江流域重点水域禁用渔具名录的通告》，对相关捕捞渔具及其参数进行了规定；四是资源保护区制度，1997 年中国开始仿照陆地的动植物自然保护区，建立保护极具科学、经济价值的濒危水生动植物的水生动植物自然保护区，至今已超过 220 个，面积可达 10 万千米^2，在此基础上，又建立了国家级水产种质资源保护区，截至 2022 年底已公布 11 批 535 处，分布在国内 30 个省级行政区，其中淡水水域 471 处，保护对象 400 余种。

④其他相关政策，如渔船燃油补贴政策。2006 年国务院推出渔船燃油补贴政策，政府根据捕捞许可证给予渔民一定的燃油补贴，提高渔民捕捞作业的积极性，该政策目前已基本取消。为了建立安全的捕捞生产制度，推出了渔船互助保险、捕捞渔船安全生产等政策。此外，还有水域生态补偿机制、渔政执法管理、水域生态修复、鱼类栖息地保护等众多保护措施。

4.2 内陆渔业发展规划概述

4.2.1 内陆渔业规划

4.2.1.1 国家相关规划文件

新中国成立初期，中国渔业产量主要来自海洋捕捞和淡水捕捞。1959 年，根据八届二中全会精神，中国渔业确定了"养捕并举"的方针。

为了繁殖保护水产资源，发展水产生产，水产部于 1979 年正式颁布《水产资源繁殖保护条例》。1980 年，国务院同意《关于水库养鱼和开展综合经营的报告》，鼓励加强统一经营，共同发展水库养鱼和综合经营事业。

1999 年，农业部发出《农业部关于调整渔业产业结构的指导意见》，按照渔业发展的客观规律和市场需求，引导广大群众因地制宜地调整优化渔业产业结构。

2017 年，农业部印发《养殖水域滩涂规划编制工作规范》和《养殖水域滩涂规划编制大纲》，要求合理布局渔业生产功能区，划定禁养区、限养区和养殖区。

2019 年 12 月，农业农村部、生态环境部、林草局印发《关于推进大水面生态渔业发展的指导意见》，这是新时期指导大水面生态渔业发展的纲领性文件。

2007—2022 年，农业农村部（及原农业部）就全国渔业发展依次印发了第十一至第十四个五年规划。在总结前期发展成果与分析当前形势的基础上，明确渔业发展的指导思想、基本原则与发展目标，层层落实保障措施，全面推进各项工作（表 4.14）。

表 4.14　中国渔业发展相关规划文件

年份	发展规划
1956 年	《关于海水、淡水养殖中若干紧迫问题的指示》
1979 年	《水产资源繁殖保护条例》
1980 年	《全国渔业自然资源调查和渔业区划研究实施计划》
1982 年	《关于加速发展淡水渔业的报告》
1999 年	《农业部关于调整渔业产业结构的指导意见》
2007 年	《全国渔业发展第十一个五年规划（2006—2010 年）》
2011 年	《全国渔业发展第十二个五年规划》
2017 年	《全国渔业发展第十三个五年规划》《养殖水域滩涂规划编制工作规范》（划定全国水域禁渔区、限养区等）
2019 年	《关于推进大水面生态渔业发展的指导意见》
2021 年	《"十四五"全国农业绿色发展规划》
2022 年	《"十四五"全国渔业发展规划》

4.2.1.2　省级规划

以江苏内陆捕捞渔业相关规划文件为例，近些年主要湖泊、江河和特有物种的相关政策不断出台（表 4.15），这些文件凸显了中国捕捞渔业管理政策的更新换代——从单纯追求产量增长到追求可持续发展，从以发展捕捞渔业为主到以水产养殖为主、捕捞渔业为辅。渔业管理的重点也从管控生物资源量向保障渔民权益转变，更强调生态、经济和社会效益的全面提升。

表 4.15　江苏省渔业相关规划文件

年份	发展规划	主要内容
2006 年	《江苏省"十一五"渔业发展规划》	江苏省"十五"发展回顾，"十一五"期间的发展思路、战略目标和主要任务
2010 年	《关于加强 2010 年度长江刀鲚专项捕捞管理工作的通知》	刀鲚、凤鲚捕捞专项（特许）证相关要求
2011 年	《江苏省滆湖渔业养殖规划（2011—2020）》	立足滆湖渔业发展现状，设置渔业养殖、种质资源保护、水源保护等区划
	《江苏省洪泽湖渔业养殖规划（2011—2020 年）》	根据洪泽湖渔业发展现状，设置渔业养殖、种质资源保护、生态修复等区划
	《江苏省水域滩涂渔业养殖规划（2011—2020）》	养殖水域滩涂的利用评价、功能区划等
	《江苏省"十二五"渔业发展规划》	江苏省"十一五"期间的发展成效，"十二五"期间的发展思路、战略目标和主要任务

年份	发展规划	主要内容
2016 年	《关于加强 2016 年度长江刀鲚、凤鲚专项捕捞管理工作的通知》	刀鲚、凤鲚专项捕捞要求
2017 年	《江苏省"十三五"渔业发展规划》	江苏省"十二五"期间的发展成效，"十三五"期间的发展思路、战略目标和主要任务
2018 年	《江苏省海洋与渔业局关于明确长江、淮河流域禁渔期干流区域范围通告》	江苏省长江、淮河流域禁渔期干流区域范围界定有关事项
2022 年	《江苏省养殖水域滩涂规划（2020—2030 年）》	养殖水域滩涂的利用评价、功能区划和保障措施等
	《江苏省"十四五"渔业发展规划》	江苏省"十四五"渔业发展的指导思想、战略目标和主要任务

4.2.1.3 太湖捕捞业发展状况

1953 年，太湖开始尝试禁渔期制度；

1967 年，太湖率先颁布《太湖水产资源增殖和繁殖保护实施细则（草案）》，成为中国内陆湖泊第一个全面整治水生资源的综合性条例，明确规定了保护对象、禁渔期、禁渔区和起捕规格；

1980 年，在此基础上进一步修订了《太湖水产资源繁殖保护及渔业生产管理细则（草案）》；

1984 年，江苏省水产局颁布了《江苏省太湖渔业生产管理委员会关于太湖实行半年封湖休渔的暂行规定》，之后，江苏省太湖渔业生产管理委员会则每年根据渔业资源状况，动态调整封湖禁渔时间；

1985 年，《太湖捕捞许可证管理办法》出台，对湖区作业的各类渔船和渔具逐一登记，建档造册（张振振，2019）；

2007—2012 年，相继建立了太湖银鱼翘嘴红鲌秀丽白虾国家级水产种质资源保护区、太湖青虾中华绒螯蟹国家级水产种质资源保护区、太湖梅鲚河蚬国家级水产种质资源保护区；

2019 年，《江苏省太湖生态渔业规划》通过论证，太湖生态渔业发展有了专业规划；

2020 年，随着长江禁渔，根据《江苏省农业农村厅公告（第 12 号）》规定，太湖于 2020 年 10 月 1 日起全面停止捕捞作业，今后将对太湖水域进行更科学的规划。

4.2.1.4 发展目标

从长远发展来看，创新或引进更先进的渔业管理理念，合理安排开捕与休禁时期，建立更有效的内陆渔业捕捞管理制度，是今后相当长一段时期的重点（Anderson，1986）。

首先，应实行捕捞限额制度。根据捕捞量低于渔业资源增长量的原则，确定渔业资源的总可捕捞量，逐步实行捕捞限额制度。建立健全渔业资源调查和评估体系、捕捞限额分配体系和监督管理体系，公平、公正、公开地分配限额指标，积极探索配额转让的有效机制和途径。

其次，推进捕捞渔民转产转业工作。根据国家下达的船网工具控制指标及减船计划，加快渔业产业结构调整，积极引导捕捞渔民向增殖养殖业、水产加工流通业、休闲渔业及其他产业转移。建立健全转产转业渔民服务体系，加强对转产转业渔民的专业技能培训（杨婧等，2019）。

最后，加强资源保护和生态修复。受诸多因素影响，中国渔业资源日趋衰退。因此，恢复渔业资源、修复水生生态环境十分必要。建设水生生物养护体系，如水生生物自然保护区和水产种质资源保护区，为鱼类生产、繁殖和索饵创造良好的栖息环境，有利于恢复重点渔场的生态功能（郭宇冈等，2014）。传统的捕捞利用方式逐渐退出大水面，以集体组织等形式开展以水体保护为目的的生态增殖型渔业，可能是中国大水面生态渔业的发展方向。

4.2.2 增殖渔业发展规划

增殖渔业是指采用人工方法向天然水域投放鱼、虾、贝、藻等水生生物的幼体（或成体或卵等）以增加种群数量、优化水域的渔业资源群落结构，从而达到增殖渔业资源、保持生态平衡的目的（李木子等，2021）。

国内外对"渔业资源增殖、海洋牧场、增殖渔业"等术语的表述基本是一致的，它们的共同目标是增加生物量、恢复资源和修复海洋生态系统（唐启升，2019）。从内陆渔业的角度来看，中国增殖渔业的发展主要采取幼体增殖放流（夏花、冬片及大规格鱼种，其中夏花死亡率较高，冬片及大规格鱼种的成活率在85%以上）的形式。

4.2.2.1 相关规划文件

1950年，第一届全国渔业会议在北京召开，中国随后颁布了一系列与渔业相关的法规、通知和指示。

1957年，水产部颁布《水产资源繁殖保护暂行条例（草案）》。

1958年，水产部发出《关于在秋、冬捕捞成鱼期间收集亲鱼以作产卵孵化和放流的通知》，贯彻"就地取材、就地放养"的方针，大量进行鲤、鲫等鱼类的人工孵化。

1964 年，国务院批准试行《水产资源繁殖保护条例（草案）》，开展了以青、草、鲢、鳙四大家鱼为主的水生生物增殖放流活动，并进行相应的渔业资源调查工作。

1986 年，《中华人民共和国渔业法》规定国家鼓励和支持相关部门采取措施增殖渔业资源。

2006 年，国务院发布了《中国水生生物资源养护行动纲要》，将水生生物增殖放流作为养护水生生物资源的重要措施之一。

2009 年，《水生生物增殖放流管理规定》出台，鼓励社会资金支持水生生物资源养护和增殖放流事业。同年，农业部办公厅印发《农业部办公厅关于开展水生生物资源增殖放流规划编制工作的通知》，推进了水生生物增殖放流事业的整体部署。

2010 年，《全国水生生物增殖放流总体规划（2011—2015 年)》和《水生生物增殖放流技术规程》印发，确定了水生生物增殖放流的指导思想、目标任务、适宜物种、适宜水域、区域布局和保障措施，促进了中国水生生物增殖放流事业的科学、规范、有序发展。

2015—2019 年，农业部（2018 年更名为农业农村部）认真贯彻落实《中国水生生物资源养护行动纲要》有关要求，大力开展水生生物增殖放流活动，取得了良好的生态、经济和社会效益。2016 年，农业部印发《农业部关于做好"十三五"水生生物增殖放流工作的指导意见》，进一步强调了增殖放流的重要性，提出初步构建"区域特色鲜明、目标定位清晰、布局科学合理、评估体系完善、管理规范有效、综合效益显著"的水生生物增殖放流体系。

2020 年，长江流域渔政监督管理办公室印发《关于进一步规范长江流域水生生物增殖放流工作的通知》，从而统筹增殖放流规划布局、保障苗种质量、规范放流行为、科学监测评估、严格执法监管，不断提升增殖放流工作的系统性、科学性和实效性。

2022 年，农业农村部印发《农业农村部关于做好"十四五"水生生物增殖放流工作的指导意见》，进一步强调了增殖放流的重要性，提出逐步构建"区域特色鲜明、目标定位清晰、布局科学合理、管理规范有序"的增殖放流苗种供应体系。

表 4.16 为近年来增殖放流的相关规划文件。

表 4.16　增殖放流相关规划文件

年份	放流规划
1957 年	《水产资源繁殖保护暂行条例》
1964 年	《水产资源繁殖保护条例》

（续）

年份	放流规划
2009 年	《水生生物增殖放流管理规定》 《农业部办公厅关于开展水生生物资源增殖放流规划编制工作的通知》
2010 年	《全国水生生物增殖放流总体规划（2011—2015 年）》 《水生生物增殖放流技术规程》
2015 年	《农业部办公厅关于做好 2015 年增殖放流工作的通知》
2016 年	《农业部关于做好"十三五"水生生物增殖放流工作的指导意见》
2017 年	《农业部办公厅关于进一步规范水生生物增殖放流工作的通知》 《农业部办公厅关于做好 2017 年增殖放流工作的通知》
2018 年	《农业部办公厅关于做好 2018 年增殖放流工作的通知》
2019 年	《农业部办公厅关于做好 2019 年增殖放流工作的通知》
2020 年	《关于进一步规范长江流域水生生物增殖放流工作的通知》
2022 年	《农业农村部关于做好"十四五"水生生物增殖放流工作的指导意见》

4.2.2.2　增殖渔业面临的问题

经过多年发展，增殖渔业在恢复渔业种群资源、改善水域生态环境、保护生物多样性和濒危物种、增加渔业效益和渔民收益、增强国民资源环境保护意识等方面取得了一定成效。但与此同时，增殖渔业也存在着一些问题（乐家华等，2013；罗刚等，2016）：

①增殖放流专业机构不足。目前中国增殖实验站不足，很多省份均由渔政主管部门管理，重点湖泊、江河等未设置专门增殖站，不利于增殖放流的实施及效果评估，与增殖渔业作为第五大产业的地位不相符。

②增殖放流效果评估手段缺乏。增殖渔业发展过程中，对水域生物多样性和生态系统缺乏全面、深入的研究。由于放流鱼类与自然增殖鱼类不易区分、标志放流鱼类回捕率低且变化大、评估手段不完善等原因，中国尚未建立评估水生生物资源增殖放流效果的标准方法。

③发展定位不明确。目前国家和省级增殖机构与市、县级水产技术部门在鱼虾贝类的苗种生产、合理设置苗种暂养设施以及苗种中间培育与放流等方面分工不明确。在种苗培育方面，国家和省、市、县级都承担了培育和生产种苗的任务，实施主体不明确。

④增殖放流活动动员力度不足。中国的增殖放流活动相较于其他国家起步较晚，对于水生生物增殖放流前期群众动员力度不足，尤其是广大渔民及渔业经济合作组织参与管理的积极性和主动性难以发挥，产学研联系不紧密。

4.2.2.3 发展建议

增殖渔业是一个具有多元化结构的产业群，涉及面广，产业效应显著。增殖渔业的快速发展有利于增强渔业经济的可持续发展能力，有利于促进渔业生物资源再生、调整渔业产业结构、解决渔区劳动力出路、保障渔民持续增收、拉动渔业经济增长等。为更好地发展增殖渔业，可从以下四个方面着手：

①制定合理放流规划。增殖渔业规划是产业发展、产业布局和资源管理的基础，也是政府制定产业发展政策的依据。实施增殖放流之前，应进行实地勘测考察，充分掌握增殖水域生态系统特点和野生种群生存状况，因地制宜，预先明确增殖放流的预期效果。针对不同种类的放流对象在形态和生理上的差异，可采取不同的放流管理模式，制订严格的放流技术操作规程，具体包括放流对象的质量控制、运输工具和方法、标志物与标志方法、放流方式方法等。

②完善法律保障体系。增殖渔业效益产生是一个比较漫长的过程，因此增殖渔业发展的稳定性和连续性离不开法律制度的保障。应建立和完善适用于增殖渔业发展的法律保障体系，确保增殖渔业发展达到预期目标和效果。同时，增殖放流的法律法规应包含渔政管理绩效考核和渔政人员激励政策，以解决增殖放流执法能力不足的问题。

③加强监督管理职能。增殖渔业涉及面广、管理难度大，需强化政府在实施过程中的监督和管理作用，逐步完善增殖渔业发展的管理协调机制。渔业渔政部门要加强对增殖放流活动的监督管理，工作人员应科学严谨地选择增殖放流水域、放流苗种、放流规格，严格遵守增殖放流操作规范。在减少放流苗种资源损耗的同时，正确引导放流实践，深入宣传贯彻保护水生生物的理念。

④建设科学评估体系。增殖效果是资源增殖的核心问题，也是资源增殖规划和实施的出发点。建立独立的、区别于养殖业的运营和评价体系，综合考虑经济、社会和生态效益三个方面的评价，对区域种群保护、良种选择培育、苗种质量提高、投入产出效益进行科学系统分析，有助于增殖渔业持续健康发展。

4.2.3 休闲渔业发展规划

休闲渔业是利用各种形式的渔业资源，通过资源优化配置，将休闲娱乐、观赏旅游、生态建设、文化传承、科学普及以及餐饮美食等与渔业有机结合，实现一二三产业融合的一种渔业产业形态。中国休闲渔业分为五大类，分别是旅游导向型休闲渔业、休闲垂钓及采集业、钓具钓饵观赏鱼渔药及水族设备、观赏鱼产业和其他。近年来，休闲渔业快速发展，成为渔业产业融合发展和绿色高质量发展的重要抓手，对促进乡村振兴战略实施、带动农渔民就业增收、满足城乡居民对美好生活的向往起到了重要作用。

4.2.3.1 相关规划文件

1985 年，国务院颁布了《关于放宽政策、加速发展水产业的指示》，随后，1986 年《中华人民共和国渔业法》颁布实施，渔业行政主管部门和教育科研机构开始关注休闲渔业的发展。

1996 年，中共中央、国务院《中华人民共和国国民经济和社会发展"九五"计划和 2010 年远景目标纲要》提出农业部门要鼓励农村集体和农民积极开发利用非农耕地和资源，将娱乐性渔业发展纳入产业结构调整范畴，首次对发展休闲渔业予以政策性鼓励。

2001 年《全国农业和农村经济发展第十个五年计划（2001—2005 年）》提出"有条件的地方，积极发展技术、资金密集型的工厂化养殖，发展休闲渔业"，这是首次正式提出"休闲渔业"。2003 年 5 月，国务院发布《全国海洋经济发展规划纲要》，明确"要把渔业资源增殖与休闲渔业结合起来，积极发展不同类型的休闲渔业"。

2006 年 3 月，农业部发布《农业部关于贯彻落实中央推进社会主义新农村建设战略部署的实施意见》，鼓励发展水产品加工业和休闲渔业；同年 6 月，农业部发布《全国农业和农村经济发展第十一个五年规划（2006—2010 年）》，明确要引导和推动有条件的地区发展都市休闲渔业。

2011 年 6 月，农业部发布《全国渔业发展第十二个五年规划》，首次把休闲渔业列入渔业发展规划，并明确将其列为中国现代渔业的五大产业体系之一。2012 年，农业部启动休闲渔业示范基地创建活动。同年 12 月，《农业部关于促进休闲渔业持续健康发展的指导意见》发布，首次对休闲渔业进行了专项部署。同月，国务院印发《国务院关于印发服务业发展"十二五"规划的通知》，要求积极发展休闲农业、生态农业、休闲渔业、乡村旅游等生活性服务业，增加农（渔）民收入。

2016 年 5 月，农业部发布《农业部关于加快推进渔业转方式调结构的指导意见》，提出"制定完善休闲渔业管理办法和标准，深入开展休闲渔业示范基地创建活动"。同年 10 月，农业部在福建厦门召开全国休闲渔业现场会，部署进一步推进休闲渔业发展和规范管理。这次会议是首次以休闲渔业为主题的全国性会议。

2017 年，农业部首次组织实施了休闲渔业品牌培育的"四个一"工程，并首次在全国范围内开展结构化、量化监测。以此为基础，2018 年，农业农村部渔业渔政管理局和全国水产技术推广总站、中国水产学会联合发布《中国休闲渔业产业发展报告》，对中国休闲渔业发展的历史、现状、问题和发展思路进行了全面梳理总结。中国休闲渔业发展概况如表 4.17 所示，图 4.3 显示了休闲渔业随时间的发展情况。中国休闲渔业产值增长迅速，2020 年后受到疫情影响，产值有所下降。

表4.17 休闲渔业发展相关规划

年份	发展规划
1996 年	《中华人民共和国国民经济和社会发展"九五"计划和 2010 年远景目标纲要》
2001 年	《全国农业和农村经济发展第十个五年计划（2001—2005 年)》
2003 年	《全国海洋经济发展规划纲要》
2006 年	《农业部关于贯彻落实中央推进社会主义新农村建设战略部署的实施意见》 《全国农业和农村经济发展第十一个五年规划》
2011 年	《全国渔业发展第十二个五年规划》
2012 年	《农业部关于促进休闲渔业持续健康发展的指导意见》 《国务院关于印发服务业发展"十二五"规划的通知》
2013 年	《国务院关于促进海洋渔业持续健康发展的若干意见》
2016 年	《农业部关于加快推进渔业转方式调结构的指导意见》
2017 年	《农业部办公厅关于开展休闲渔业品牌培育活动的通知》 《农业部办公厅关于开展休闲渔业发展监测工作的通知》
2022 年	《"十四五"全国渔业发展规划》

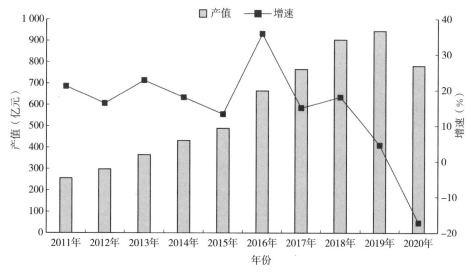

图 4.3 2011—2020 年全国休闲渔业产值及增速

4.2.3.2 产业发展

休闲渔业的发展既依托于区域资源条件和渔业产业基础，同时又受到区域经济发展水平、国民消费能力、产业开发政策环境的直接影响。从经济、社会、产业、政策环境四个方面来看，中国休闲渔业正处于重要战略机遇期，发展环境优越，市场空间广阔。

经济水平直接决定了休闲渔业资源开发能力、国民休闲旅游需求和消费能力。从经济增长情况看，中国经济增长率一直保持着较高水平，国内生产总值（GDP）呈正增长趋势，体现了经济的韧性和良好预期。此外，中国的交通、卫生等基础设施不断建设和完善，为经营主体的运营、居民出游提供了便捷的条件。随着生活水平的不断提高，居民发展型和享受型消费的比重持续提高。

休闲渔业是以渔业为基础，渔业和旅游业相结合的交叉型产业。随着中国城乡居民对优质安全水产品和优美水域生态环境需求的日益增长，中国渔业正加速向高质量发展转型升级，休闲渔业产业基础更加稳固。同时，随着渔业生态文明建设不断推进，大水面生态渔业、稻渔综合种养等产业的多功能开发利用，将为休闲渔业发展提供更加有力的产业支撑。

4.2.3.3 问题与建议

近年来，中国休闲渔业功能日益拓展，模式不断创新，内涵不断丰富，发展方式逐步转变，呈现出良好的发展态势，但仍存在一些制约和短板。

从产业自身看，一是布局不合理，和区域经济、渔业产业、资源环境发展的协调性不高；二是业态和服务产品单一，对休闲渔业自身价值挖掘和利用不够，资源开发形式单一，主要为垂钓、观光、游船体验、餐饮等初级形式，存在低水平和同质化竞争的问题；三是管理和服务水平有待提高，经营主体以渔民和小农户为主，休闲渔业开发和经营管理能力不足，旅游接待服务质量和水平不高。从外部环境看，还存在规划引导不到位、行业管理不规范、政策扶持滞后等问题。

为引导休闲渔业发展方向，推动休闲渔业健康、快速发展，可着眼于以下几点：

一是科学规划引导。立足区域经济社会发展和旅游市场需求、渔业产业基础和结构调整需要，科学制定发展规划，引导资金、技术、人才等资源要素向休闲渔业及旅游、交通、文化、体育等关联产业汇聚，促进产业集群发展。

二是加强规范管理。完善休闲渔业管理制度和标准体系，制定符合产业发展实际的休闲渔业准入、基础设施建设、经营服务、卫生和食品安全等标准，提升产业标准化、规范化发展水平；发挥行业协会等社会组织的自律作用，引导经营主体自我约束。

三是丰富产业业态。充分挖掘渔业、文化和自然资源优势，推动休闲渔业向研学教育、康养民宿、渔事体验等多功能拓展，培育渔家乐、休闲渔业园区、特色渔业小镇等多种休闲渔业发展模式，丰富产业形态，促进产业提档升级。

四是提升服务质量。加强休闲渔业基地、渔村、码头等区域的公共基础设施建设，改善服务设施条件，提升游客出游的便利性和舒适度；加强从业人员培训，提高其综合素质和服务水平。

五是树立品牌效应。各地立足自身优势，深挖特色渔业文化，不断加大休闲渔业品牌建设和休闲渔业推介宣传力度，举办各类休闲渔业文化节庆活动。

4.3 渔业法律法规概述

4.3.1 国家相关法律法规

自 20 世纪 50 年代初期起，国务院和国家渔业主管部门颁布了多项渔业法规及有关通知和指示。1986 年《中华人民共和国渔业法》的颁布，标志着中国渔业管理制度的形成，中国渔业进入全面管理的时代。随后，众多相关法律文件得以颁布。据不完全统计，改革开放以来中国制定和颁布的全国性和地方性渔业法律法规和规章有近千项之多，内容涉及渔业生产和捕捞的方方面面。

除专门规范渔业的法律法规以外，还有一些在内容上涉及渔业的其他法律法规，如《中华人民共和国野生动物保护法》《中华人民共和国水污染防治法》等。此外，《中华人民共和国民法典》和《中华人民共和国刑法》中的部分内容也与渔业相关。其他行政法规（如《中华人民共和国自然保护区条例》）、其他部门规章（如《农业行政处罚程序规定》）等也有涉及渔业的内容。所有这些都是渔业部门执法信息的重要来源（表 4.18）。

表 4.18 淡水渔业保护相关法律法规

法律范围	法律法规名称	等级	颁布时间	保护主题
渔业基本法	《中华人民共和国渔业法》	国家级	1986 年（2018 年第五次修正）	渔业核心法律，渔业保护的总纲领
	《中华人民共和国渔业法实施细则》	国家级	1987 年（2020 年修改）	对渔业法的具体补充
渔业生产管理	《水产苗种管理办法》	国家级	2001 年	保护和合理利用水产种质资源，提高苗种质量等
	《水产原良种生产管理规范》	国家级	2001 年	加强水产原良种场生产管理，提高原良种质量和生产水平
	《渔业捕捞许可管理规定》	国家级	2018 年（2022 年修订）	渔业管理措施，规定相关捕捞生产资料要求

（续）

法律范围	法律法规名称	等级	颁布时间	保护主题
渔业资源养护和合理利用	《中华人民共和国水产资源繁殖保护条例》	国家级	1979 年	保护水产资源
	《渔业资源增殖保护费征收使用办法》	国家级	1988 年	增殖、保护渔业资源，促进渔业的持续、稳定、健康发展
	《关于在长江流域试行春季禁渔制度的通知》	长江流域	2002 年	养护和合理利用长江经济鱼类资源和水产种质资源
	《中国水生生物资源养护行动纲要》	国家级	2006 年	保护和合理利用水生生物资源，实施可持续发展战略
水生野生动物保护	《中华人民共和国水生野生动物保护实施条例》	国家级	1993 年（2013年第二次修订）	保护水生野生动物
	《中华人民共和国水生野生动物利用特许办法》	国家级	1999 年	保护、发展和合理利用水生野生动物资源
	《公安部关于严厉打击破坏野生动物资源违法犯罪活动的通知》	国家级	2021 年	进一步强化打击破坏野生动物资源违法犯罪工作
	《中华人民共和国长江保护法》	国家级	2020 年	加强长江流域资源保护
	长江水生生物保护管理规定	国家级	2022 年	加强长江水生生物保护和管理

4.3.2　地方规范性文件

地方性法规是省、自治区、直辖市、省会所在的市、自治区首府城市以及国务院批准的较大的市的人民代表大会及其常务委员会根据本地需要，在不与宪法、法律、行政法规相抵触的前提下制定和颁布的规范性文件。渔业地方性法规是各地贯彻国家渔业法律、行政法规的重要依据，如《山东省实施〈中华人民共和国渔业法〉办法》《广东省渔业管理实施办法》《山东省内陆渔业管理条例》《黑龙江省水产资源繁殖保护条例》《上海市水产养殖保护规定》《辽宁省渔船管理条例》等。表 4.19 为地方性渔业保护相关文件的示例。

表 4.19　地方渔业保护相关文件

省份	文件	时间	主旨
江苏	《江苏省渔业管理条例》	2002 年	渔业资源保护、增殖、开发、利用等
	《太湖流域管理条例》	2011 年	太湖流域水资源保护和水污染防治，改善生态环境
	《关于全面推进我省长江流域禁捕退捕工作实施方案的通知》	2020 年	全面推进江苏省长江流域禁捕退捕工作
	《江苏省湖泊保护条例》	2021 年	加强湖泊保护，合理利用湖泊资源等
	《江苏省洪泽湖保护条例》	2022 年	加强洪泽湖保护，促进资源科学利用等
安徽	《加强巢湖渔业资源保护的实施方案》	2020 年	推进长江生态大保护，加快恢复巢湖渔业资源，改善巢湖生态环境等
湖北	《湖北省湖泊保护条例》	2012 年	加强湖泊保护，保护和改善湖泊生态环境，促进经济社会可持续发展
湖南	《湖南省洞庭湖保护条例》	2021 年	保护和改善洞庭湖生态环境，保障经济社会可持续发展等
西藏	《西藏自治区实施〈中华人民共和国渔业法〉办法》	2006 年	加强渔业资源的保护、增殖、利用，促进渔业生产的发展
	《拉萨市野生鱼类保护办法》	2012 年	促进拉萨市野生鱼类资源可持续发展
江西	《江西省鄱阳湖湿地保护条例》	2003 年	保护鄱阳湖湿地资源，维护湿地生态功能和生物多样性等
内蒙古	《内蒙古自治区呼伦湖国家级自然保护区条例》	2016 年	加强呼伦湖国家级自然保护区的保护和管理

4.4　国际渔业条约概述

4.4.1　与内陆渔业及其管理有关的国际公约和协定

进入 21 世纪，随着国际合作的加强，不同国家之间的交流日益增加，在濒危水生生物保护、渔业资源保护和利用方面有较多的合作（表 4.20）。

表4.20　与内陆渔业有关的国际公约和协定

公约名称	主题	时间
国际公约		
《拉姆萨尔公约》	保护湿地资源。由于所有内陆鱼类和渔业都依赖于湿地，因此《拉姆萨尔公约》中有关内陆湿地的所有措施都与维护内陆渔业高度相关并有助于维持内陆渔业。	1971 年
《濒危野生动植物种国际贸易公约》	规范而非完全禁止野生物种的国际贸易。部分内陆鱼类因国际贸易而濒临灭绝，包括用于观赏的一些物种。在国家层面上，涉及濒危内陆鱼类的贸易状况更为严峻，但《濒危野生动植物种国际贸易公约》并未涵盖这一点。	1973 年
《野生动物迁徙物种保护公约》	涵盖了基于"迁徙"地缘政治定义的物种，保护被认定为具有迁徙习性的所有物种类群，这些物种习惯性定期地、可预测地跨越国界。	1979 年
《联合国生物多样性公约》	保护生物多样性，可持续利用生物资源，公平公正地分享利用遗传资源所产生的惠益。	1992 年
《联合国气候变化框架公约》	稳定大气中对全球气候系统有危险影响的温室气体浓度。气候变化易于影响各类内陆湿地生态系统，此类湿地在减缓和适应气候变化方面具有重要作用，但受关注程度却远不及森林。气候变化可影响全球水循环，并进一步影响内陆渔业。	1994 年
《国际水道非航行使用法公约》	1997年由联合国大会通过，2014年生效。公约包含若干与环境保护有关的条款，包括保护和维系国际水道生态系统。	1997 年
《名古屋议定书》	获取和分享与内陆捕捞渔业相关的、主要涉及作为水产养殖潜在用途的野生近缘种的遗传资源。	2010 年
《爱知目标》	制定了一系列2020年前须完成的目标，涵盖维系内陆渔业和水生生物多样性的生态系统和栖息地。已被2022年通过的昆明-蒙特利尔全球生物多样性框架（GBF）取代。	2010 年
《2030 年可持续发展议程》	尽管许多目标与水及生态系统相关，但内陆渔业的明确作用并未在17个目标中充分体现。	2015 年
非约束性协议		
《负责任渔业行为守则》	旨在推行负责任渔业而制定的指导性文件。要求从事捕捞、养殖、加工、运销、国际贸易和渔业科学研究等活动的国家，应承担其准则要求的责任。	1995 年
《粮食安全和扶贫背景下保障可持续小规模渔业自愿准则》	涉及有关小规模渔业的政策、战略和法律法规，以及其他事关渔业生活和生计的事项。采用明确的基于人权的方法，且关注的是人，而不是鱼。	2014 年
《土地、渔业和森林权属负责任治理自愿准则》	关于获取内陆渔业资源的权利以及保护这些资源免受其他活动产生的影响。	2012 年

（续）

公约名称	主题		时间
	中国与其他国家的协议		
《中华人民共和国政府和俄罗斯联邦政府关于黑龙江、乌苏里江边境水域合作开展渔业资源保护、调整和增殖的议定书》	合理利用黑龙江、乌苏里江渔业资源	中国、俄罗斯	1994 年
《澜沧江-湄公河渔业资源保护合作框架协议》	信息交流、联合执法和增殖放流	中国、老挝	2015 年
《澜沧江-湄公河合作五年行动计划（2018—2022）》	促进湄公河沿岸国家的经济和社会发展	中国、缅甸、老挝、泰国、柬埔寨、越南	2018 年
《关于加强澜沧江-湄公河国家可持续发展合作的联合声明》	深化六国睦邻友好和务实合作	中国、缅甸、老挝、泰国、柬埔寨、越南	2021 年

4.4.2 澜沧江-湄公河合作

澜沧江发源于中国青海省唐古拉山东北部，流经西藏、云南两个省份，出中国国境后被称为湄公河，是东南亚最大的国际河流。澜沧江纵贯横断山脉，流域地貌类型复杂多样，不同的地貌类型以及地势高低、坡度大小、山川走向，直接影响着水热条件的再分配（杨帆，2012）。

澜沧江-湄公河是全球淡水生物多样性最高的三大河流之一，估计至少有890 种淡水鱼类，仅次于亚马孙河（刘明典，2011）。据《云南鱼类志》《中国动物志》《西藏鱼类及其资源》等出版物显示，中国澜沧江源头记录鱼类 11种，上游记录鱼类 22 种，中游记录鱼类 44 种，下游记录鱼类 142 种，附属湖泊洱海记录鱼类 9 种，整体可达 200 余种（褚新洛等，1990）。其中，13 种鱼类被列入《中国濒危动物红皮书·鱼类》的保护动物，有国家级保护鱼类双孔鱼、大理裂腹鱼、长丝鲹、花鳗鲡等。

澜沧江-湄公河流域作为世界上最重要的内陆捕捞河流之一（FAO，2018），其鱼类资源在湄公河下游流域一直处于过度捕捞状态。加之大规模水电开发、外来物种入侵以及水域环境污染等负面影响，整个流域已经呈现出鱼类物种和种群数量均明显下降的趋势。由于鱼类的跨界洄游习性，单一国家的保护措施效果极为有限。因此，探索流域尺度上的资源保护措施是跨界河流生物多样性保护的重要手段。

4.4.2.1 澜湄合作机制的建立

2014年11月，国务院总理李克强在第17次中国-东盟领导人会议上提出建立澜沧江-湄公河合作（简称"澜湄合作"）机制，就水生生物栖息地规划与建设、资源联合调查、水域生态修复、繁育技术研究、保护政策措施构建、人才联合培养、资源环境监测、增殖放流、信息互通共享和联合执法等领域达成合作；

2016年3月，中国与越南、老挝、柬埔寨三国渔业部门进一步交流，达成了开展渔政联合执法、跨境培训、湄公河特有珍稀濒危水生生物保护等合作共识；

2017年，中国与柬埔寨签订《中国与柬埔寨澜沧江-湄公河水生生物资源养护合作备忘录》；

2018年1月10日，澜湄合作第二次领导人会议在柬埔寨金边举行，会议制定了《澜沧江-湄公河合作五年行动计划（2018—2022）》，对相关水生生物资源合作作出具体规定；

2020年8月24日，澜湄合作第三次领导人会议以视频会议方式举行，并提出进一步深化合作；

2022年7月4日，澜湄合作第七次外长会通过了《澜湄合作五年行动计划（2023—2027）》。

后续，将进一步完善澜湄合作机制，在中国澜沧江全面禁渔的基础上，进一步研究跨界水域鱼类禁渔措施，以保证流域性措施的统一，对鱼类资源保护更具意义。

4.4.2.2 联合增殖放流和执法活动

2015年6月，西双版纳州农业部门就与老挝琅南塔省签订《澜沧江-湄公河渔业资源保护合作框架协议》，内容包括中老两国互通信息、联合执法、增殖放流（丝尾鳠、大鳞四须鲃、傣鲤、裂峡鲃、双孔鱼等澜沧江-湄公河土著种类）等。自协议签订后，西双版纳州每年都与琅南塔省自然资源与环境厅联合举办放鱼节，累计向对方赠送土著鱼苗27.5万尾用于增殖放流。增殖放流效果评估数据显示，自中老双方共同开展澜沧江-湄公河跨境渔业资源保护以来，湄公河流域老挝人民的捕捞量增加了30%～40%。

2021年10月26日，农业农村部长江流域渔政监督管理办公室联合中国水产科学研究院淡水渔业研究中心、云南省农业农村厅、西双版纳州人民政府和老挝琅南塔省自然资源与环境厅，共同开展了"2021年澜沧江-湄公河中老同步增殖放流暨联合执法活动"。此次活动是中老两国连续第七年在澜沧江-湄公河水域联合开展渔政执法行动和水生生物增殖放流活动，共放流鱼苗 25.4万尾，活动现场还集中销毁了在边境水域收缴的电鱼器 20 套、网具近百张。近年来，中老两国执法合作不断深化，澜沧江-湄公河水域生态保护，特别是水生生物资源保护和管理工作已成为两国合作的一项重要任务，成果丰硕。

4.4.2.3　国际交流合作与培训

2018 年 11 月，长江生物资源保护论坛、澜湄流域生物资源养护分论坛在武汉召开；2020—2022 年，中国水产科学研究院淡水渔业研究中心相关人员赴澜沧江调研全面禁渔的可行性，带头为澜湄流域渔业保护做出更大贡献。

5 结 语

自 1989 年以来,中国一直是世界上内陆渔业捕捞产量最大的国家。据报道,2020 年中国的内陆捕捞产量(1 457 500 吨)占全球内陆捕捞产量的 12.7%。

可持续的内陆捕捞渔业生产对调节水生生物多样性、合理利用水资源和保障人类健康具有重要意义。渔业资源是可再生的,但其利用必须与其再生能力相适应,才能实现可持续发展。中国内陆捕捞渔业面临过度捕捞、水污染(农业、城市、工业)和航运水利工程等各种压力,并引发了鱼类栖息地的变迁,致使内陆渔业资源呈下降趋势。近年来,随着中国生态文明建设的推进以及对现代渔业发展的要求提高,内陆捕捞渔业的产量逐年下降,据此,涉及经济、粮食供应、生物多样性和生态完整性的发展目标也在不断调整。

中国自 1950 年起就开始逐年统计内陆捕捞产量。随着长江十年禁渔计划的发布,2020 年中国内陆捕捞产量大幅减少,但全国捕捞总产量仍可达 150 万吨以上。

内陆捕捞渔业对粮食安全与营养、水生生态系统及生物多样性有着极为重要的意义,因此,迫切需要提升对中国内陆渔业资源的认知水平,并加强中国内陆捕捞渔业数据的收集与整理工作。获取准确、可靠的内陆捕捞统计数据是中国禁渔制度全面实施所面临的一个关键挑战,当前亟需以更加科学有效的收集方法和调查统计方法为基础来应对。此外,由于内陆捕捞对象是水生生态系统的产物,加深对其资源现状的认知,对于制定中国内陆渔业可持续发展和管理的战略具有重大意义。渔业管理措施能否顺利推出并执行得当,需要基于不断深入的认识和理解,以使内陆捕捞与生态系统保护相一致,从而最大限度地实现中国内陆水生生物资源的保护和可持续利用。

法律

《中华人民共和国水污染防治法》，中国，北京，1984。

《中华人民共和国渔业法》，中国，北京，1986。

《中华人民共和国野生动物保护法》，中国，北京，1988。

《中华人民共和国水法》，中国，北京，1988。

《中华人民共和国环境保护法》，中国，北京，1989。

法规

《水产养殖质量安全管理规定》，中华人民共和国农业部，北京，2003.9.1。

《中华人民共和国渔业法实施细则》，中华人民共和国农牧渔业部，北京，1987.10.20。

《农业部办公厅关于加快推进内陆渔业船舶证书"三证合一"改革 做好新版证书换发有关工作的通知》，中华人民共和国农业部，北京，2015.11.19。

《农业部关于加快推进渔业转方式调结构的指导意见》，中华人民共和国农业部，北京，2016.5.4。

《关于调整渔业产业结构的指导性意见》，中华人民共和国农业部，北京，1999.12.29。

《关于推进大水面生态渔业发展的指导意见》，中华人民共和国农业农村部、生态环境部、林草局，北京，2019.12.30。

《国务院关于促进海洋渔业持续健康发展的若干意见》，中华人民共和国国务院，北京，2013.3.8。

《农业部关于促进休闲渔业持续健康发展的指导意见》，中华人民共和国农业部，北京，2012.12.13。

《取水许可制度实施办法》，中华人民共和国国务院，北京，1993.8.1。

《全国渔业自然资源调查和渔业区划研究工作》，中华人民共和国农业部，北京，1980。

《关于海、淡水养殖中急需解决的若干问题的通知》，中华人民共和国商务部，北京，1956。

《淮河流域水污染防治暂行条例》，中华人民共和国国务院，北京，1995.8.8。

《国家重点保护野生动物名录》，国家林业和草原局、中华人民共和国农业农村部，北京，2021。

《关于加速发展淡水渔业的报告》，中华人民共和国农牧渔业部，北京，1982.10。

《农业农村部关于设立长江口禁捕管理区的通告》，中华人民共和国农业农村部，北京，2020.11.19。

《农业部办公厅关于开展休闲渔业发展监测工作的通知》，中华人民共和国农业部，北京，2017.3.3。

《国务院关于印发服务业发展"十二五"规划的通知》，中华人民共和国国务院，北京，2012.12.1。

《农业农村部关于实行海河、辽河、松花江和钱塘江等 4 个流域禁渔期制度的通告》，中华人民共和国农业农村部，北京，2019.1.15。

《农业部办公厅关于开展休闲渔业品牌培育活动的通知》，中华人民共和国农业部，北京，2017.8.2。

《农业部关于公布率先全面禁捕长江流域水生生物保护区名录的通告》，中华人民共和国农业部，北京，2017.11.5。

《关于加强资源环境生态红线管控的指导意见》，国家发展改革委、财政部、国土资源部、环境保护部、水利部、农业部、林业局、能源局、海洋局，北京，2016.5.30。

《农业部办公厅关于印发 2015 年内陆捕捞渔业统计抽样调查试点工作样本县名单的通知》，中华人民共和国农业部办公厅。北京，2015.9.29。

《农业部关于贯彻落实中央推进社会主义新农村建设战略部署的实施意见》，中华人民共和国农业部，北京，2006.3.20。

《全国海洋经济发展规划纲要》，中华人民共和国国务院，北京，2003.5.9。

《水产资源繁殖保护条例》，中华人民共和国国务院，北京，1979.2.10。

《内陆水域鱼类资源调查规范》，江苏省质量技术监督局，南京，2013.4.10。

《淡水渔业资源调查规范 河流》，中华人民共和国农业农村部，北京，2019.8.1。

《全国人民代表大会常务委员会关于惩治捕杀国家重点保护的珍贵、濒危野生动物犯罪的补充规定》，中华人民共和国第七届全国人民代表大会常务委员会，北京，1988.11.8。

《农业绿色发展技术导则（2018—2030 年)》，中华人民共和国农业农村部，北京，2018.7.2。

《黄河河南段鱼类资源声学调查技术规范》，河南省质量技术监督局，郑州，2018.7.17。

《湖泊调查技术规程》，中国科学院南京地理与湖泊研究所，南京，2015.5。

《国家生态保护红线——生态功能红线划定技术指南（试行)》，中华人民共和国环境保护部自然生态保护司，北京，2014.1。

《生态保护红线划定技术指南》，中华人民共和国环境保护部，北京，2015.5。

《内陆鱼类多样性调查与评估技术规定》，中华人民共和国生态环境部，北京，2018。

《农业农村部关于长江流域重点水域禁捕范围和时间的通告》，中华人民共和国农业农村部，北京，2019.12.27。

《第九个五年规划》，中国共产党中央委员会、中华人民共和国国务院，北京，1996.2。

《全国农业和农村经济发展第十个五年规划（2001—2005 年)》，中华人民共和国农业部，北京，2001.6。

《全国渔业发展第十一个五年规划（2006—2010 年）》，中华人民共和国农业部，北京，2006.11.7。

《全国农业和农村经济发展第十一个五年规划》，中华人民共和国农业部，北京，2006.6。

《全国渔业发展第十二个五年规划》，中华人民共和国农业部，北京，2011.10.9。

《全国渔业发展第十三个五年规划》，中华人民共和国农业部，北京，2016.12.31。

《"十四五"全国农业绿色发展规划》，中华人民共和国农业农村部、国家发展和改革委员会、科学技术部、自然资源部、生态环境部、国家林草局，北京，2021.8.23。

《"十四五"全国渔业发展规划》，中华人民共和国农业农村部，北京，2022.12.29。

《2021 年中国生态环境状况公报》，中华人民共和国生态环境部，北京，2022.5.26。

《长江流域重点水域禁捕和建立补偿制度实施方案》，中华人民共和国农业农村部、财政部、人力资源社会保障部，北京，2019.1.6。

参考文献

曹文轩. 长江鱼类资源的现状与保护对策 [J]. 江西水产科技，2011（2）.

曹文轩. 如果长江能休息：长江鱼类保护纵横谈 [J]. 中国三峡，2008（12）.

曹文轩. 十年禁渔是长江大保护的重要举措 [J]. 水生生物学报，2022，46（1）：1.

陈马康，童合一，俞泰济. 钱塘江鱼类资源 [M]. 上海：上海科学技术文献出版社，1990.

陈廷贵，兰利，杨怀宇，等. 长江流域禁捕渔业生态补偿框架和测算模型 [J]. 中国渔业经济，2019，37（4）.

陈宜瑜. 中国动物志，硬骨鱼纲，鲤形目（中）[M]. 北京：科学出版社，1998.

储呙江，冯晓宇. 钱塘江流域鱼类资源研究现状及保护对策 [J]. 浙江农业科学，2020，61（10）：4.

褚新洛，陈银瑞. 云南鱼类志 [M]. 科学出版社，1990.

邓景耀. 海洋渔业资源保护与可持续利用 [J]. 中国渔业经济，2000（6）.

邓云锋，宋立清. 我国渔业结构存在的问题及政策分析 [J]. 海洋科学进展，2005，23（2）：4.

高虎城. 关于《中华人民共和国长江保护法（草案）》的说明：2019 年 12 月 23 日第十三届全国人民代表大会常务委员会第十五次会议. 中华人民共和国全国人民代表大会常务委员会公报，2021（1）：113 - 117.

葛相安，刘世禄. 我国渔业发展现状、问题及出路 [J]. 中国渔业经济，2009，27（4）：5 - 12.

郭宇冈，胡振鹏，甘筱青，等. 鄱阳湖渔业资源保护与天然捕捞渔民转产行为研究 [J]. 求实，2014（2）.

简康. 退渔还湖和人工增殖放流对南四湖渔业生态修复的影响评价 [J]. 黑龙江水产，2022（1）：41.

荆伟. 民国前期青岛渔业史料的整理与渔政管理研究 [D]. 南昌：江西师范大学，2013.

乐家华，张成．发展我国增殖渔业的几点思考［J］．中国渔业经济，2013，31（3）：64-68.

乐佩琦．中国动物志 硬骨鱼纲 鲤形目 下卷［M］．北京：科学出版社，2000.

李木子，曾雅，任同军．中国渔业增殖放流问题及对策研究［J］．中国水产，2021（9）：
　　42-45.

李倩倩．太湖鲢、鳙、翘嘴鲌、大银鱼放流效果初步研究［D］．苏州：苏州大学，2013.

李士豪，屈若搴．中国渔业史［M］．郑州：河南人民出版社，2018.

李思忠．中国淡水鱼类的分布区划［M］．北京：科学出版社，1981.

李勇．苏南渔业发展中灿烂的渔文化［J］．安徽史学，2009（4）：126-128.

李再云，陈银瑞，杨君兴．鱇浪白鱼的生物学及其种群衰减原因分析［J］．淡水渔业，
　　2003，33（1）：26-27.

林光纪．禁渔期管理的动态博弈分析［J］．福建水产，2005（3）.

刘恩生，鲍传和，曹萍，等．太湖鲢、鳙的食物组成及渔获量变化原因分析［J］．水利渔
　　业，2007，27（4）：72-74.

刘飞，林鹏程，黎明政，等．长江流域鱼类资源现状与保护对策［J］．水生生物学报，
　　2019，43（S1）：144-156.

刘金明．论赫哲族的渔业文化［J］．黑龙江民族丛刊，1988（3）：94-98.

刘龙腾，易智慧，刘子飞，等．长江流域重点水域渔民退捕需要面对的若干问题：基于洞
　　庭湖区湘阴县和汉寿县的湿地调研［J］．中国渔业经济，2019（4）.

刘明典，陈大庆，段辛斌，等．澜沧江云南段鱼类区系组成与分布［J］．中国水产科学，
　　2011，18（1）：156-170.

娄巍立．淮河安徽段水产种质资源保护区渔业生物资源现状及保护策略［D］．南京：南京
　　农业大学，2019.

卢炳根．浅读《养鱼经》［J］．中国钓鱼，2019（8）：72-73.

罗刚，庄平，赵峰，等．我国水生生物增殖放流物种选择发展现状、存在问题及对策［J］.
　　海洋渔业，2016，38（5）：551-560.

孟庆闻．鱼类分类学［M］．北京：中国农业出版社，1996.

倪勇，伍汉霖．江苏鱼类志［M］．北京：中国农业出版社，2006.

倪勇，朱成德．太湖鱼类志［M］．上海：上海科学技术出版社，2005.

宁波．试论渔文化、鱼文化与休闲渔业［J］．渔业经济研究，2010（2）：25-28.

农业农村部渔业渔政管理局，全国水产技术推广总站，中国水产学会．2020中国渔业统计
　　年鉴［M］．北京：中国农业出版社，2021.

潘澎，李卫东．我国伏季休渔制度的现状与发展研究［J］．中国水产，2016（10）.

庞洁，勒乐山．生态认知对长江流域渔民退捕意愿的影响研究：基于鄱阳湖区的调研数据
　　［J］．长江流域资源与环境，2020（8）.

施鼎钧．辉煌的中国渔业史［J］．北京水产，1999（4）：2.

施鼎钧．简议我国古籍中的渔业文献［J］．中国水产，1983（12）：32.

宋权礼．保水渔业对我国湖泊生态治理与综合开发的意义：以"千岛湖模式"为例［J］.
　　中国林业产业，2020（8）：5.

苏昕. 中国渔业产业结构的协调性研究［J］. 农业经济问题，2009（5）：4.

苏雪玲. 清末民国时期山东沿海渔政研究［D］. 青岛：中国海洋大学，2011.

苏永霞. 从《全唐诗》看唐代渔业［J］. 农业考古，2010（4）：219-227.

孙功飞. 中国古代淡水渔业的发展概况［J］. 农业考古，2019（3）：136-140.

孙林杰，葛玉明，吴灼亮. 资源、环境约束下的我国渔业企业未来发展模式［J］. 中国海洋大学学报（社会科学版），2008（6）：4.

唐启升. 渔业资源增殖、海洋牧场、增殖渔业及其发展定位［J］. 中国水产，2019（5）：28-29.

唐议，刘金红. 我国渔民经济收入现状分析［J］. 上海水产大学学报，2007（3）：275-280.

王洪铸. 长江流域水生态环境整体保护战略刍议（代序言）［J］. 水生生物学报，2019，43（S1）：1-2.

王松，鲍方印，肖明松. 淮河流域（安徽段）重要湿地鱼类资源现状及保护措施［J］. 中国农学通报，2007，23（8）：5.

王松，鲍方印，郑文，等. 淮河流域（安徽段）重要湿地鸟类多样性研究［J］. 华中师范大学学报（自然科学版），2009（4）：8.

王中媛. 关于我国伏季休渔制度绩效的初步研究［D］. 青岛：中国海洋大学，2008.

魏勋. 南四湖渔业生态修复效果调查研究［J］. 渔业致富指南，2016（14）：6.

吴成根. 富春江水库渔业资源现状及增殖意见［J］. 淡水渔业，1983（5）：5.

吴睿. 10月1日起，太湖将进入10年退捕期［J］. 中国食品，2020（18）：1.

武仙竹. 考古学所见长江三峡夏商周时期的渔业生产［J］. 江汉考古，2002（3）：9.

熊鹰. 中国淡水鱼类功能多样性方法与格局的研究［D］. 武汉：华中农业大学，2015.

徐路易. 长江濒危鱼类达92种 全面禁捕势在必行［J］. 中国食品，2019（2）：114-115.

闫雪崧. 浅论渔政管理与服务的关系［J］. 渔政，2008（3）：3.

杨帆. 东南亚第一长河：澜沧江［J］. 新长征（党建版），2012（9）：60.

杨婧，刘玉龙，李欣. 江西省鄱阳湖退捕渔民转产转业影响因素研究［J］. 中国渔业经济，2019（4）.

尹玲玲. 明代的渔政制度及其变迁：以机构设置沿革为例［J］. 上海师范大学学报（哲学社会科学版），2003，32（1）：8.

于会国，梁振林，慕永通. 禁渔制度的施行效果研究［J］. 中国渔业经济，2007（2）：34-39.

余汉桂. 清代渔政与钦廉沿海的海洋渔业［J］. 古今农业，1992（1）：6.

岳冬冬，王鲁民. 我国渔业发展战略研究现状分析与初步思考［J］. 中国农业科技导报，2013（4）：8.

张觉民，何志辉. 内陆水域渔业自然资源调查手册［M］. 北京：农业出版社，1991.

张振振. 太湖渔业捕捞配额制度演变路径研究［D］. 上海：上海海洋大学，2019.

赵春龙，肖国华，罗念涛，等. 白洋淀鱼类组成现状分析［J］. 河北渔业，2007（11）：49-50.

中国共产党. 人民政协共同纲领第三十四条［J］. 中国水利，1950（1）：26.

中华人民共和国农业部. 水产养殖业增长方式转变行动实施方案［J］. 农产品市场，2006

(13)：1.

中华人民共和国水利部．第二次水资源评价［R］．中国，北京，2002—2005.

中华人民共和国水利部．中国水资源公报 2021［R］．中国，北京，2022.

周恩来．国务院关于将水产生产、加工、运销企业划归商业部统一领导的指示［J］．中华人民共和国国务院公报，1955（20）：993.

周井娟．休渔期制度与东海渔业资源的保护和利用［J］．渔业经济研究，2007（2）.

周晓华，李明爽．盘点中国渔业六十年［J］．中国水产，2009（10）：4.

朱松泉．中国淡水鱼检索［M］．南京：江苏科学技术出版社，1995.

卓友瞻．要进一步加强渔业法制建设［J］．中国水产，1996（6）：2，5.

Anderson L G. The economics of fisheries management［J］. Marine Resource Economics，1987（4）. DOI：http：//dx. doi. org/.

Chen X，Wang M，Zhang E. Updated species checklist of fishes from Lake Dongting in Hunan Province，South China：Species diversity and conservation. ZooKeys，2022，1108：51‒88.

FAO Terminology Portal. Rome，FAO，2022. www. fao. org/faoterm/en.

FAO. FAO technical guidelines for responsible fisheries. Aquaculture development 5. Rome，FAO，1997，40. ISSN：1020‒5292.

FAO. Guidelines for the ecolabelling of fish and fishery products from inland capture fisheries. Rome，FAO，2011，106.

FAO. Review of the state of the world fishery resources：Inland fisheries. C942 Revision 3，2018，397.

FAO. The state of world fisheries and aquaculture 2020. Sustainability in action. Rome，FAO. 2020. DOI. org/10. 4060/ca9229en.

Gulland J A. Fish Population Dynamics［J］. New York：John Wiley，1997（3）.

Tierenberg H T. Envioronmental and Nature Recource Economics［M］. New York：Haiper Collins，1992：319‒325.

Xing Y，Zhang C，Fan E，et al. Freshwater fishes of China：species richness，endemism，threatened species and conservation［J］. Diversity and Distributions，2016，22（3）：358‒370.

Xiong W，Sui X，Liang S H，et al. Non‒native freshwater fish species in China［J］. Reviews in Fish Biology&Fisheries，2015.

图书在版编目（CIP）数据

中华人民共和国内陆渔业概况与加强内陆渔业统计资
料收集与分析能力建设／联合国粮食及农业组织编著；
蒋书伦等译. -- 北京：中国农业出版社，2025.6.
（FAO中文出版计划项目丛书）. -- ISBN 978-7-109
-33303-1

Ⅰ. F326.4

中国国家版本馆 CIP 数据核字第 20257DW830 号

著作权合同登记号：图字 01－2024－6564 号

中华人民共和国内陆渔业概况与加强内陆渔业统计资料收集与分析能力建设
ZHONGHUA RENMIN GONGHEGUO NEILU YUYE GAIKUANG YU
JIAQIANG NEILU YUYE TONGJI ZILIAO SHOUJI YU FENXI NENGLI JIANSHE

中国农业出版社出版
地址：北京市朝阳区麦子店街 18 号楼
邮编：100125
责任编辑：郑 君　　文字编辑：孙 飞
版式设计：王 晨　　责任校对：吴丽婷
印刷：北京通州皇家印刷厂
版次：2025 年 6 月第 1 版
印次：2025 年 6 月北京第 1 次印刷
发行：新华书店北京发行所
开本：700mm×1000mm　1/16
印张：8.25
字数：160 千字
定价：79.00 元